新しい生活スタイルで考える
お葬式・ご供養

松岩寺副住職
小黒澤和常

KKベストブック

本書は筆者が自身の経験や生い立ち、他の僧侶、エンディング業界で活躍する方などへのインタビューや、筆者が参加した勉強会など、自身が学んだことなどを中心にまとめたものです。宗派の公式見解ではありません。本書は前書の『最高のお葬式　最高のご供養』（ベストブック）より引用を行っております。お葬式やご供養の考え、ご供養の内容は、宗派、寺院、僧侶、地域、ファイナンシャルプランナー、各専門家などの解釈により異なります。また、本書に書かれた内容により読者が損害やトラブルなどを受けた場合、筆者および、当書籍を発行した出版社は一切責任を負いません。自己の責任により書かれた内容を実践し、ご自身のこれからの人生を考えるうえでお役立てください。

はじめに――あなたにとってのお葬式・ご供養とは？

この本を手にとっていただきありがとうございます。あなたは今どんなお気持ちで本書を手にとられたでしょうか？「お葬式？　まだまだ私には関係ない」「大切な友人が亡くなり自分のお葬式について考える必要を感じた」「最近、祖父が亡くなりお葬式に参列したが将来は自分が見送る立場になる。今のうちから少し考えていきたい」「リモートでお葬式ができると聞いたことがあるがどうなのだろうか？」

本書でお伝えしたいことが一つあります。それは**「あなたがご自身の人生のなかで、大切な人のため、あなた自身のため、何よりもあなたができる最良のお葬式・ご供養を選択をしてください」**です。

私は380年以上続く宮城県気仙沼市の松岩寺《しょうがんじ》の長男として生まれました。宗派の大学を卒業後、一般企業で会社員を経験したのち、曹洞宗の大本山總持寺《そうじじ》で修行。現在は松岩寺の副住職を務めております。松岩寺は地域で発生した鉱山事故の犠牲者を弔うために建立され、東北を代表する大名家であった仙台藩伊達家の筆頭家老も務めた気仙沼の元領主鮎貝《あゆかい》家の菩提寺《ぼだいじ》であり、長い歴史のある曹洞宗のお寺です。約10年前の東日本大震災では120名以上のお檀家さんが亡くなりそのご供養を執り行いました。

私自身、これまで地域のお檀家さんを中心に、のべ数千軒のお葬式・ご法事を住職とともに執り行いました。僧侶の資格と合わせ、ファイナンシャルプランナー、終活カウンセラー上級、海洋散骨アドバイザー、お墓ディレクター2級などの資格をもつ供養の専門家です。歴史ある松岩寺のなかで、多くのお檀家さんに支えられながら、時には悩み苦しみ、時には迷い、時には手を取り合いながら、いかに大切なご先祖様・故人様を守っていくかを考え行動し、さまざまな取り組みに挑戦しています。

今、私たち僧侶を含めお寺、葬儀社、石材店など人生のエンディングにかかわる界隈は社会の変化に合わせ、大きな変化の時期にあると考えます。新型コロナウイルスの感染拡大、少子高齢化による人口の減少、お葬式やご供養の簡略化、リモートでのお葬式やご法事の登場、新

江戸時代より地域の供養を担う松岩寺

しいご供養の形の提案。なかには「なるべく小規模に、できればお葬式・ご供養はやりたくない」と考える方もいるでしょう。

松岩寺には日々ご供養に悩む方のさまざまな相談が持ち込まれます。「故郷の実家のお墓には墓守がいないので、祖父母やご先祖様のお墓・遺骨を引っ越ししたい」「私には子供がおらず、将来お墓を守っていけるかが心配で夜も眠れない」「お金はあまり用意できないが、何とかできることを行いたい」

なかでも私が大切にしていることがあります。それはともに悩みともに考え、ともに答えを導き出すことです。私は地域に根差した僧侶として、また供養の専門家として松岩寺に寄せられるさまざまな悩みや相談をともに考え、時には挫折しながらもお檀家さんや相談者様の本当の悩みは何なのか？　お葬式？　お墓？　より深い心の悩みなのか？　ともに考え答えを導き出してきました。

第1章では仏事、ご供養、お寺についてなど、皆様が疑問に思う点を私の経験や知識をもとに解説させていただきました。基本的な仏事の話から、お寺、お布施、永代供養墓、樹木葬に海洋散骨の具体的選び方など、なるべく読者の皆様の目線を意識し、具体的な行動まで落とし込めるよう私なりの提言について書かせていただきました。

第2章では今エンディング業界で活躍する僧侶、葬儀社、石材店、ユーチューバーなどの取り組みを中心に紹介しています（最近は新型コロナウイルスの感染拡大の影響もあり、エンディング業界でもユーチューバーとして活躍する方や、情報を発信する方も増えてまいりました）。

何よりも熱い志をもって挑戦する専門家の言葉や経験は、読者の皆様がお葬式・ご供養を考えるなかで必ず助けとなることでしょう（本書の取材を行うなかで、書いている私自身が一番勉強になりました。世の中には、僧侶、エンディング業界でこれだけ素晴らしい方たちがおられます。私ももっと学ばねば……）。

第3章では新型コロナウイルスの感染拡大による新しい生活スタイルのなかで、お寺、エンディング業界で起きていること、リモートでのお葬式やご法事、先輩僧侶などの取り組みを参考にしながら、私なりにこれからのお葬式・ご供養の在り方について提言させていただきました。

今から約2500年前、お釈迦様は「生・老・病・死」という四つの苦しみに向き合い、私たちが生きる道を説かれました。日本には約7万7000のお寺があり、30万人の僧侶がいるといわれています。

本書を読むことで、今、お寺、エンディング業界で何が起きているのか、お葬式、ご供養、お墓、永代供養墓、樹木葬に海洋散骨など、お葬式やご供養に関する疑問の答えやヒントを得ることができます。ご自身の人生に無関係でいることができないお葬式・ご供養についての知識を身につけ、学ぶことができます。読者の皆様がイメージしやすいよう、僧侶、エンディング業界で活躍する第一人者、挑戦を行う若手方のお話を、私なりになるべくわかりやすい言葉で書かせていただきました。

人が死ぬ確率は１００％です。世の中に死なない人はいません。本書が読者の皆様にとって、これからの人生を考えるうえでのヒントの一つとなることを祈念し、はじめの挨拶とさせていただきます。

令和２年12月吉日

松岩寺　副住職

小黒澤和常

目次

第2章　お葬式・ご供養のヒントが満載――コロナ禍でも挑戦し続ける供養の世界

第3章　新しい生活スタイルでお葬式・ご供養をどう考えるか?

第1章　お坊さんが答えるお葬式・ご供養の疑問

「大切だから迷惑をかけたくない、家族に迷惑をかけたくない」の裏にある親子の心

日々寄せられるお寺へのご供養の相談。多くの皆様が共通して使われる言葉があります。それは「残されるご家族に迷惑をかけたくない」です。よくよく話を伺うと、お葬式を行う上での労力であったり、金銭的な負担を減らしたいであったり、ただ漠然とした不安をもってこの言葉を口にする方もおられます。

もう何年か前の話です。お寺にこのような相談にこられた方がおられました。

「和尚さん、私が亡くなったら息子一人になる。息子に迷惑をかけたくないので、できればお葬式を行わず仏壇もつくらない。お墓も戒名《かいみょう》もいらない。お寺に納骨だけお願いすることはできないか？」

私はできるだけ丁寧にご供養の大切さ、お葬式、お墓、ご戒名の意味などを説明させていただきました（本書でも丁寧に解説させていただきます）。その方はその場はお帰りになりましたが、あまり納得した様子には見えませんでした。

別な機会があり、息子さんとお話をする際に、私はこのように伺いました。

「以前お母様とお話をした際に、亡くなってからのご供養は迷惑をかけたくないので行いたくないとお伺いいましたが、息子さんはどうお考えですか？」

息子さんは少し困った顔をしながらこのようにお答えになりました。

「母がそのように言ったのですか？　私としてはお世話になった母にできる限りのことを、しっかりとご供養をしていきたいと考えています」

お二人の話を伺い私が感じたことは、「大切だから迷惑をかけたくない」「大切だからできることをしてあげたい」というご家族それぞれの思いです。子供を大切に思い迷惑をかけたくない親の気持ち。親を大切に思いご供養を行いたい子供の気持ち。お互いが大切であればこそ、今、ご自身ができることを考え実践していくことが大切であると私は考えます。

仏教ではお葬式をどう考えるのか？

ここで皆様に質問です。仏教ではお釈迦様や道元《どうげん》禅師（私は曹洞宗の僧侶ですので道元様を中心に書かせていただきます。以下、道元様と記載）、日蓮様はお葬式・ご供養をどのように考えているのか、ご存知でしょうか？　なかにはお釈迦様や道元様はお葬式、仏教とは無関係で、今の日本仏教は特殊な形であると思っている方もいるかもしれません（はっきり言いますがこれは間違いです）。

○自らご供養の形を示されたお釈迦様

経典を読み解くと、お釈迦様は父親である浄飯王様や育ての親であった大愛道様が亡くなられた時、自ら棺を担いたという記述があります。近年でも日本印度仏教学会賞を受賞された鈴木隆泰氏がインドの仏教経典を正しく読み解き、著書『仏典で実証する葬式仏教正当論』でお釈迦様がいかにお葬式を大切にされていたかが明らかにされ、僧侶の間でも話題になりました。

○弔いの心を大切し仏門に入られた道元様

鎌倉仏教で有名な曹洞宗の宗祖で永平寺を開かれた道元様。歴史の教科書などで名前を知っている方も多いでしょう。道元様も弔いの心を大切にされていました。私が道元様のお話で印象に残っているエピソードが二つあります。一つが比叡山延暦寺で修行をスタートした話。もう一つが、父母兄弟、ありとあらゆるいのち、ご供養の大切さを説かれたお話です。

道元様は名門貴族久我家に生まれました。幼い頃から頭脳明晰で朝廷の要職につくことを期待されていた道元様。そんな道元様に転機が訪れます。母である藤原伊子《ふじわらのいし》様の死です。幼くしてお母様を亡くされた道元様。お母様の遺言、亡きお父様のご供養のために菩提心をおこし、比叡山での修行を決意されます（解釈は諸説あります）。また道元様は正法眼蔵随聞記《しょうぼうげんぞうずいもんき》にて、父母兄弟をはじめありとあらゆるいのち、弔いの心の大切さを説かれました。

○弔いの心を広げた瑩山様

曹洞宗では道元様と並び太祖《たいそ》として大切にされている方がおられます。それは大本山總持寺《そうじじ》を開かれた瑩山《けいざん》禅師です。瑩山様は坐禅修行とともに追善供養・加持祈祷を曹洞宗の儀礼に取り入れました。それが人々の心に寄り添い深く浸透し、曹洞宗の今日の大教団としての礎が築かれました。両本山の道元様・瑩山様が人々に寄り添い弔いの心を示し広げたことが、今日の曹洞宗のお葬式・ご供養の原点であると私は考えます。

○日蓮様が最後に伝えた臨終の心構え

先日、私がある勉強会に参加した時の話です。講師の先生よりこの言葉を教わりました。「されば先ず臨終の事を習うて後に他事を習うべし」（原文より一部を抜粋させていただきました）。同じ鎌倉仏教で日蓮宗の宗祖である日蓮様は最後にこのような言葉を遺したと伝わっております。壮絶な人生を歩み布教された日蓮様。御遺文として、人のいのちの無常さと臨終の大切さを残されたのです。歴代の祖師様が示されたように、お葬式は仏教の大切な原点の一つであると私は考えます。

○日本仏教は地域の習慣や慣例を取り込みながら広がった一つの完成された形

私が副住職を務める松岩寺は、はじめにでも書かせていただきましたが、1635年（寛永12年）に現在の宮城県気仙沼市に建立されました。

1600年が関ヶ原の戦いで石田三成と徳川家康が西軍と東軍に分かれて戦いそれから35年。江戸時代初期で将軍徳川家光の時代。武家諸法《ぶけしょはっ》度《と》が発布された年です。平磯村（現在の大谷赤牛）という地域で大きな落盤事故があり、小野寺仁兵衛道清という人が亡くなった人たちをご供養するために建立した「弔い・先祖供養」を原点とするお寺です。

世の中のお寺をみると、亡くなった方の菩提を弔うため、ご供養を中心としたお寺が数多く

1635年に開山した松岩寺

あります（建立の由縁についてまとめたデータを読んだことはないですが、おそらく大多数のお寺がご供養を原点としているのではないでしょうか？）。

前述しましたが、曹洞宗では道元様が宗派の原点を示され、總持寺の瑩山様が加持祈祷や追善供養、地域の習慣や慣例を取り入れながら、多くの人々を導かれました。お葬式という人生で最も尊い儀式をお釈迦様、宗祖様のお導きのもとに執り行うことが、日本仏教が担っている大きな役割の一つといえるのではないでしょうか。

お葬式にはどんな種類があるのか？
大きく分けて４タイプ、ご家族やご親族、会社、ご近所とのお付合いも考えながら

○お葬式は小規模がよい？

近年、お葬式は少子高齢化やコロナ禍、費用削減のために小規模化を希望するご遺族が増えてきましたが、小規模なお葬式が必ずしもよいとはいえません。私はお葬式・ご法事も含め年間数百件のご供養を行っていますが、喪主様やお葬式に参加された方の声を参考に、私なりにメリット・デメリットを書かせていただきます。

○小規模なお葬式のメリット

通常のお葬式の場合、準備も大がかりとなり親類一同がそろい大規模なものになります。喪主様を含めご遺族も慣れない場です。席順の決め方から、弔辞、弔電、仏花、お供物の配置、親類などの対応に気疲れを起こす方もなかにはいます。また、ご親類のなかには作法や形式などに厳しい方がいる場合もあります。小規模なお葬式の場合、そうした気遣いの負担も、規模が小さい分軽減されます。

また、参列される方の人数が少ない分、故人様の死と向き合う時間が多く、落ち着いて喪主の役目を果たし、ご供養を行うことができます。特にご近所、会社関係のお付き合いが少ない方に向いているかもしれません。

○小規模なお葬式のデメリット（社会的活動をされていた方、ご近所付き合いが活発だった方には向いていない）

この場合、家族葬は避けた方が無難です。お葬式は亡き方と残された皆様とのご縁をつなぐ、大切なご供養の場です。私もこれまで、多くの方のお葬式に僧侶として立ち会いましたが、自治会長をされていた方、多彩な趣味をもち多くのご友人に囲まれていた方、ご近所付き合いが活発だった方などには小規模なお葬式は向きません。

よく、ご遺族よりお話を聞くのですが、家族葬や密葬などの小規模なお葬式を行ったあと、故人様の縁者の方にお叱りを受けることがあるそうです。「私は○○さんにはご生前お世話になり、お葬式にはかけつけたかった」など。特に、ご家族も知らぬ間にお世話になった方がいる場合もあるので注意が必要です。なかでも地方の場合は、地域のコミュニティがまだまだ強く、家族葬や直葬が向かない場所もあります。安易に小規模なお葬式にしないことをおすすめします。

また、小規模なお葬式を行うからといっても決して安くなるわけではありません。後述しますが、身内のみの家族葬の場合、ご遺族に寄せられる香典も大きく減る場合があります。

○お葬式の形は大きく分けて４タイプ

ここで、お葬式の種類を簡単に説明させていただきます。

①一般葬

今まである従来のお葬式です。参列者の制限はなく、関係者全体が参列するお葬式のことです。参列者の人数は故人様のご生前の付き合いによって変わり、多いものでは数百人規模になることがあります。社会的活動をされていた方、趣味のお付き合いやご近所付き合いの活発な方などに向いています。ご親族の高齢化やお葬式の簡素化から近年は一般葬の場合でも小規模化の傾向があるようです。

②家族葬

参列者をご親族やご家族に限定して告知するお葬式です。遺族のなかで希望する方が集まります。特に地域のコミュニティが弱い都市部では、家族葬が多い傾向があるようです。近年は一日葬などより簡略化された形も増えてきたようです。近年は芸能人などが、近親者などで見送り、後日お別れの会などを開催する場合もあるようです。

③直葬（ちょくそう・じきそう）

儀式的なものを省き火葬場の炉前などで故人様を送る簡略化されたご供養の形です。場合によってお坊さんが呼ばれ読経がされることがあります。東京を中心とした都市部ではすでに一定の割合で直葬を希望される方がいるというデータもあるようですが、地方ではまだまだ少ないようです。

④密葬

一般葬の前に、ご親族や親しかった方のみで行われるお葬式のことです。後日、一般参列者を招いた本葬は行われます（地域によっては、ご家族やご親族のみで行うことを密葬という場合がありますが、本来は密葬のあとに本葬が行われます）。密葬は我々僧侶のお葬式ではよく行われますが、一般の方ではあまり耳にしません。なお、地域によって言葉の使われ方が若干異なる場合があります。

○地域によっては一般的、骨葬について

ここで、骨葬《こつそう》について説明したいと思います。骨葬とは文字通りお葬式の前に火葬を行い、ご遺骨の状態で行うお葬式です。地域によって違いはありますが、私の住む気仙沼市では一般的なお葬式の形です。

骨葬にはメリットがあります。それはご遺体の保管についてです。先に火葬を行うことで、ご遺体の腐敗を防ぎ、保管を容易にします。お葬式の日程が少し先でも、落ち着いて準備を行い、お葬式当日を迎えることができます。

気になる点は、最後のお別れをする時間が少ないことです。特にお子様やお孫様が遠方にお住まいの場合、火葬に間に合わず最期のお顔を見ることができない場合があるので注意が必要です。

○あえて「お葬式をしない」を考えてみる

はじめにでも書かせていただきましたが、松岩寺にはさまざまなご供養の悩みが寄せされます。なかには「俺のお葬式はいらない」という方もいます（たいていの場合、そこまで真剣に考えていないことが多いのですが……）。ここであえてお葬式をしないケースを考えてみたいと思います。

①費用はかからないが多くの手間や強靭な精神力が必要

お葬式をしない場合、費用はほとんどかかりません。当然、原則火葬は必要ですが、最低限の準備は棺や骨壷などでしょうか？　葬儀社に依頼する場合でも必要最低限のプランで可能です。以前『遺体搬送から遺骨のご供養まで　ＤＩＹ葬儀ハンドブック』（駒草出版、松本祐貴著）という本を読ませていただきました。お葬式の流れ、ご遺体の処置や手続きなどがわかりやすく解説されており、僧侶や葬儀社などに普段触れる機会が多い我々にとっても非常に勉強になる本でした。

しかし、おそらく本書を読み、葬儀社や宗教者の力を借りず、自らご家族のご遺体の処置や火葬を行える方は、強靭な精神力と努力、念入りな準備が必要でしょう（私にはまずできません）。それだけお葬式、ご遺体の処置、ご供養にはエネルギーが必要です。ちなみに、私がこれまで行った数百件のお葬式で、葬儀社が一切かかわらないお葬式はありませんでした。それだけお葬式には手間や労力がかかります。

②不仲であったご家族のお葬式をしたくないが、どうしたらよいか？

以前業界紙でこのような問いを目にしました。「故人のことが嫌いでお葬式などしなくない。どうしたよいか？」。僧侶としては大変心苦しい質問ではありましたが、私はこう考えました。お葬式には故人様の死を世の中に知らせるという意味もあります。最小限でもよいので、お葬式をやるべきではないか。私も僧侶として、また社会人として多くの方にお会いすることがあります。当たり前ですが人生は千差万別です。仕事は上手くいっても家庭環境が整わない方、お独り身でほとんどの方と疎遠な方、一方で多くのご友人やご家族に恵まれ幸せな人生を送られる方。人それぞれの人生があります。

私がお会いした方でこのような方がおられました。会社を経営され、社会奉仕活動も率先して行っていたのですが、身寄りはなく事業が傾き最期を福祉施設で迎えました。行政からの相談を受け、当山でお葬式と納骨を受けさせていただきました。人生では多くの困難があったと思いますが、その後、私が驚かされたことがありました。

その方には多くのご友人がおられ、亡くなり松岩寺に弔われたことを知り、多くの方がお参りにかけつけました。私もご生前の思い出話を聞かせていただき、故人様のお人柄により触れることができました。お葬式など何らかの形で弔い、ご供養の場を用意する。世間的にもメッセージを発信することで、故人様が生きた証や思いを伝えることができるのではないでしょうか。

③費用を抑えながらもしっかりとお葬式ができる工夫

それではここで費用をおさえながらもしっかりとお葬式を行うための工夫を、私なりにいくつか書かせていただきます。

まずお寺に相談します。え、なぜお寺に相談するの？　意外に思われる方もいるかと思いますが、少し解説したいと思います。

お寺の本堂では多くのお檀家さんをお迎えし、お葬式やご法事を行うことができます。荘厳な雰囲気でご本尊様が見守るなか法要を行うことができます。会食は客殿などを利用することで移動の手間もなく、お寺が管理する墓地が隣接する場合はすぐに納骨を行うこともできます。本堂や客殿の利用料はまちまちですが、なかには無料の場合もあります。

また、先ほど葬儀社のプランについて書かせていただきましたが、なるべく費用を抑えたい場合、火葬まで済ませておけば、ご遺骨やお花、お供物などを用意するだけで、お寺でお葬式を行うこともできます。お寺でしたら時間・会場に大きな制約もなく、落ち着いてお葬式を行うことができます。

そして、これは当たり前のことですが、お寺であれば、しっかりとご供養やお布施の相談にのってもらうことができます。近年は無宗教葬や直葬なども話題になりましたが、多くが仏式でのお葬式です。お寺がこれまで歩んできた歴史・宗派の教えを感じ、心のこもったご供養を和尚様にしていただくことができます。

お布施についても和尚様に直接相談することができます（お布施についての詳細は後述します）。近年は僧侶派遣などの新しいサービスも誕生していますが、特にお布施については直接お寺に相談することをおすすめします。僧侶派遣サービスの利用には、仲介手数料がお寺と仲介業者の間に発生します。和尚様に直接相談することで、仲介手数料は不要となります。とはいえ、地方ではまだまだ僧侶派遣サービスを利用する方は少数でしょう。お布施の目安はお寺以外に地元の葬儀社やお寺の総代など、よく事情がわかる方に聞くのがよいでしょう。

また、あえて一般葬を選択することも一つの選択肢です。こちらも、え、なぜ一般葬と、思う方も多いかと思います。お寺に相談と合わせて説明させていただきます。

小規模なお葬式の項目でも少し書かせていただきましたが、特に自治会活動や、地域の集まり、趣味や習い事で活動的であった方や、交友範囲が広かった方の場合は、一般葬を行うと多くのお悔やみとともに香典が寄せられます。香典が半返しの場合、半分はご遺族に残ります。ご遺族の弔いの心の面、金銭面からみても、ご生前に交友範囲が広かった方の場合は、一般葬を選択することをおすすめします。

以前、匿名のどなたかから「松岩寺さんでは土葬はできるの？」と聞かれたことがありますが、日本で土葬を行うことは相当難しいでしょう。日本では火葬の割合がほぼ１００％です（以前私が目にした調査では99・９％ほどであったと記憶しています）。私が調べたなかでは、日本で土葬が可能な場所は山梨県北杜市の福性院、山梨市にある神道霊園（大井俣窪八幡神社）で、そこでは古くから土葬が行われてきたそうです。土葬に対応できる土地、自治体、ご家族の同意など条件がそろわないとできないでしょう。

東日本大震災の際、私の住む気仙沼市では一時的に土葬されたケースもありましたが、のちに改葬されています。

もし、宗教上や特別に土葬に思い入れのある場合、事前に調べ対応することをおすすめします。

昔は土葬が当たり前でお檀家さんやご住職に当時の話を聞くこともありますが、現在はありません。

お布施は高い？　安い？　お布施の意味と考え方

○そもそもお布施とは？　一般の人が考えるお布施

ここで皆様に質問です。「お布施」とは何でしょうか？　お葬式やご法事などでお坊さんに支払う謝礼、供養料。こう思われている人もたくさんいると思います。我々も普段お檀家さんや施主さんから「和尚さん、お布施ってだいたいいくらくらい包めばいいんだ？」と聞かれることがあります。松岩寺の場合、お葬式は目安をお伝えし、事前に喪主様に確認するようにしております。お寺にもよりますが、具体的な金額が決まっていない場合もあり、しっかりと確認することをおすすめします。おそらく一般の方はお布施には目安があって、いくら払えばよいのかわからないのでおおよその相場をお坊さんに聞きたい、こういった考えがあることでしょう。

○お坊さんの考えるお布施

一方、お坊さんはお布施についてどう考えているのでしょうか？　専門用語もでてきて、少し読みにくいところもあるとは思いますが、なるべくわかりやすい言葉を意識して書かせていただきましたのでご容赦ください。

○本来のお布施の意味の三施

本来お布施は仏道修行六つの実践の一つである六波羅蜜《ろくはらみつ》の一つです。それぞれ、「布施」「自戒」「忍辱」「精進」「禅定」「智恵」の六つ修行があるのですが、そのなかの一つが「布施」なのです。

お布施にはそれぞれ「財施《ざいせ》」「法施《ほうせ》」「無畏施《むいせ》」の三つの意味があります。「財施」は衣類などの物資を与えること、「法施」は教えなどを説き与えること、「無畏施」は怖れなどを取り除いてあげることです。つまり日本のお坊さん・お寺は、「法施」や「無畏施」を行うことで、お檀家さんから「財施」を受けているのです。

○お布施はご本尊様のもの

私が本山で修行していた時の話です。私が修行していた總持寺は曹洞宗の大本山であると同時に、多くのお檀家さんをかかえる大寺院でもあります。總持寺ではお盆になると棚業で、修行僧がお檀家さんの家を一軒一軒訪ね、ご先祖様・お仏壇のご本尊様の前でお経をお唱えするお勤めが行われます。修行僧にとって棚経は年に一度の大切な修行の一つで、この時ばかりは本山を空け、皆様のお宅に行き、お勤めを行います。

棚業の前に、指導係の和尚様からこのような話があったのを今でも覚えています。

「お布施というのは皆様のお経に対する謝礼ではありません、施主さんがご功徳として、仏様・ご本尊様に収め、我々僧侶は、ご本尊様からお布施を頂戴するのです」（当時の記憶ですので、微妙な表現の違いはご容赦ください）。

○そもそもいくらお布施をお包みしたらよいのか？　よくあるお坊さんとお檀家さんの話
お布施について一般の人と、僧侶の立場からそれぞれ書かせていただきました。そもそもお布施は金額や謝礼でなく、僧侶の修行ですので本来相場というものはないのですが、ここで困ったことが一つ。「では、いったいいくらお布施を包んだらいいんだろうか？」ということです。

○お葬式のお布施
私は僧侶の資格とともに、お金の専門家であるファイナンシャルプランナーの資格も所有しています。ファイナンシャルプランナーの立場からも少しお布施についての意見を書かせていただきます。各種のアンケート調査や、私がお坊さんなどに聞き込みをした感覚ですが、お葬式でのお布施の金額は40万円程度が多いように感じます。特に院号など、一般の方がいう「良い戒名」を希望する場合はもう少し大きな金額になるようです（曹洞宗をはじめ各団体でも調査を行っていますが、金額の幅や地域性もあり一概にいえません）。

◯お寺によって違うお布施の金額

私も立場上多くのお寺のお布施について聞く機会がありますが、お寺によって、金額が異なります。となりのお寺では30万円のお布施、そのとなりのお寺では１００万円など、地域・お寺の住職の考え方、お檀家さんのお寺とのかかわり方により各々変わってきます。特に総代など、お寺の役員として中心になりお寺の護持を行っている方、古くからの檀家で代々お寺を守ってきている家は、一般の家より金額を多く包む傾向があるようです。それだけ、お寺を守っていこうという意識の現れでしょう。

◯お布施は高いか？　安いか？

これもよく世の中で話題になる話です。お布施の考え方を少し書かせていただきました。人それぞれ、お坊さんそれぞれという考えもありますが、私はファイナンシャルプランナーとして「お布施は今の世の中ではある程度価格性がある」と考えます。

特に近年はインターネットが普及し、多くの業種が日本全国・全世界という同じフィールドで戦うことになりました。お坊さんの世界・お寺の世界も同様です。これまでは地域のみをみていればよかったものが、全国を舞台に戦わなければなりません。検索サイトで「お布施　相場」と探すと、多くのＷＥＢサイトにお布施の金額が明示されています。

○現代社会では一般人にとってお布施は費用

私はファイナンシャルプランナーの資格を取得するなかで、このようなことを学びました。ファイナンシャルプランナーとは厚生労働省が認定する国家資格ファイナンシャル・プランニング技能士（1級・2級・3級）の資格ですが（他に日本ＦＰ協会の認定するＡＦＰ・ＣＦＰというものがあります）、ライフイベント表、キャッシュフロー表というものを作成し、人生の三大支出や、ご自身の夢を達成し、幸せな人生をおくるためにお金のリスクを分析する専門家です。

私はファイナンシャルプランナーとして老後資金のなかにご自身のお葬式の金銭的な準備もすべきと考えます。

人生には三大支出と呼ばれるお金のかかるイベントが三つあるそうです。「教育資金」「住宅資金」「老後資金」です。

教育資金は子供の教育にかかる資金です。子供が大学にいくのか？　高校は私立か公立か？　文系か理系か？　人生の選択によりかかる費用も大きく変わってきます。住宅資金は将来ご自宅を購入するための資金のことです。住宅の購入は人生の一大イベント、多くの方がローンを組み計画的に住宅の購入を試みます。老後資金はご自身、ご夫妻のための老後の準備資金のことです。特に60歳で退職した場合、その後の人生は約20～30年が平均です。退職金だけで生活ができるのか？　年金は足りているのか？　介護状態になった場合の備えは万全かなど。

○ものやサービスは金額が決まっている

現在はどのようなサービスでも価格や金額が決まっています。スーパーやコンビニに行けば値札がついていてレジでお金を支払い、お昼ご飯を食べに行けばメニューに金額が書いてあり、住宅・お墓などの大きな買い物になれば見積書がついてきます。我々も普段生活しているなかで、知らず知らずのうちにものやサービスには値段がついているのが当たり前で、お布施についても同じように相場があるように思っている方も多いと思います。

○事前に相談すれば怖くない。お布施は事前に準備すべし

先ほどもお話ししましたが、お布施の相場といわれるものはお寺によって、ご住職によっても違います。おそらく一般の人の感覚でしたらお布施は費用と考え、なるべく安価で、サービスのよいものを選ぶと思います。

ただし、お寺にはその考えはあまり通じません。菩提寺《ぼだいじ》といい、所属しているお寺がある場合はそのご住職にお葬式を依頼することになりますし、お布施の考え方はお寺によっても違います。

一番大切なのは、菩提寺のある方はご住職としっかり人間関係をつくり、万一に備え事前に相談することです。菩提寺がない方は、知り合いの方に話を聞き、おおよその相場を聞いておくべきと思います。

○具体的なお布施の金額の聞き方

ここで具体的なお布施の金額の聞き方について、私なりに書かせていただきました（なお、重ねて申し上げますが、お坊さん・お寺によって考え方が異なりますのでご容赦ください）。

①はっきりと聞いてみる

「お布施の金額は決まっていますか？」「目安はありますか？」「皆様いくらくらい包まれますか？」などストレートに聞くのも方法だと私は考えます。お寺によりそれぞれの答えがあります。

②お気持ちでいいよと言われた場合

「わたしとしては〇〇万円くらいで考えていますがいかがでしょうか？」など具体的な金額を示して聞くものよいと考えます。お寺によっては「もう少しお願いしたい」「それでいいよ」など反応があるかと思います（本当に一切言わない和尚様もいれば、なかにはお気持ちの金額がだいたい決まっている場合もあります）。

③具体的な金額が決まっていて払えない場合

お寺によってお布施の金額が決まっていて、払えない場合もあるかと思います。その際は今の状況をお話しして、再度お話を進めてみてください。

これはお寺の立場でのお話ですが、お檀家さんなどによりお気持ちが大きく異なる場合がありま す。本当に困っている方もいれば、なかにはなるべく安くしたい方もいます。お檀家さんや喪主様によってはものやサービスの金額のように考える方もおられます。後々のトラブルを避けるためにも、お布施の話はしっかりしておくことをおすすめします。

○お布施を渡すタイミング

こちらも質問が多いので書かせていただきます。私の知る限り特段決まりはなく、法要をお願いする和尚様に確認するのがよいでしょう。松岩寺の場合を例にとると……、まず、ご法事や開眼供《かいげんく》養《よう》の場合は法要前にご本尊様・ご先祖様にお供えするように話しています（前述の通りあくまでお布施はご本尊様へお納めいただくものですので、施主様には法要のはじまる前に手を合わせお供えするようにお伝えしています）。

次に、お葬式当日は喪主様も立て込んでいるので、なるべく通夜、法要後まで総額のお布施をお納めいただくようお話ししています。

そして、急な不幸のため準備が間に合わない際は、ご挨拶も兼ね後日お寺にお越しになり、お納めいただく場合もあります。

いずれにせよ、法要をお願いする和尚様に確認するのが一番です。

○30年と30秒。ピカソの絵とお布施について

以前、参加していた勉強会で世界的に有名な画家ピカソについてこのような逸話があることを学びました。ある日ピカソが歩いていると、手に一枚の紙を持った見知らぬ女性がこう話しかけてきたそうです。

「ピカソさん、私はあなたのファンなんです。この紙に一つ絵を描いてくれませんか？」

ピカソは彼女に微笑み、30秒ほどで小さく美しい絵を描きました。そして、彼女へと手渡しこう続けたそうです。

「この絵の価格は100万ドルです」

女性は驚きながらピカソに質問しました。

「ピカソさん、この絵を描くのにたったの30秒しかかかっていないのですよ？」

ピカソは笑いながら答えます。

「30年と30秒ですよ」

作品をつくるまでには、これまでの膨大な経験があり、しっかりとした対価が必要だというエピソードかと思いますが、私は自身の経験を思い出しました。

松岩寺はお葬式やご法事が中心のお檀家さんが支えるお寺ですが、なかには予想を超える金額をお布施として包まれる方がおられます。よくよくお話を伺うと、古くからお寺を大切に考え支えている方、先代住職や寺族、先々代の頃からお寺とお付き合いがあり大切にされている方、お寺とのお付き合いのなかで慕っている方など、お檀家さんとのお付き合いの深さに気がつき、施主様との話が盛り上がる場合があります。このお檀家さんからのお布施はこれまでの先代、先々代、代々と続く思いが詰まっている、そう考えると身の引き締まる思いです。

戒名は必ず必要？　そもそも戒名とは何なのか？

○そもそも戒名とは何なのか？　仏弟子としての名前が戒名

戒名というものを聞いたことがあるでしょうか？　よくお葬式にいくと「○○院○○○○居士」

と書かれた、白木の位牌が遺影の近くにあったりします。

戒名はお釈迦様のお弟子様の名前です。現在多くの宗派ではお葬式の際に故人様にお授けするものです。一般の人には、戒名は亡くなってからのお名前と思っているようですが、本来はご生前に戒名を授かり、お釈迦様の弟子として戒律を守り生活するということが大切なのです。

ここで私の所属する曹洞宗のお葬式を例に話をさせていただきます。曹洞宗のお葬式では、授戒という儀式が行われます。授戒のなかでは故人様は僧侶としてお釈迦様の弟子になるための、16の誓いを行います。これが十六条戒といわれるものです。

どのようなものがあるのか少しお話をしますと、三帰戒《さんきかい》と呼ばれる、仏（お釈迦様）と法（仏の教え）、僧（僧侶）の三つの宝（三宝）を大切にするもの。三聚浄戒《さんじゅじょうかい》の悪事を行わず、善行（善い行い）を行って、人々のために役立つことを誓うこと。十重禁戒《じゅうじゅうきんかい》の、不殺生戒《ふせっしょうかい》（あらゆるもののいのちを大切にします）、不偸盗戒《ふちゅうとうかい》（盗みや不正をしません）、不邪婬戒《ふじゃいんかい》（夫婦の道、異性の愛情を乱しません）、不妄語戒《ふもうごかい》（嘘や偽りを口にしません）、不酤酒戒《ふこしゅかい》（酒に溺れたり飲まれたりしません）、不説過戒《ふせっかかい》（他人の悪口を言いふらしません）、不自讃毀他戒《ふじさんきたかい》（自慢したり他人をけなしたりしません）、不瞋恚戒《ふしんにかい》（激しく怒ったり、感情的になりません）、不謗三宝戒《ふほうさんぼうかい》（仏・法・僧の三宝をそしりません）があります。

16のお誓いをお釈迦様より代々続くお葬式を執り行う和尚様よりいただき仏弟子となります。曹洞宗では血脈といい、故人様はお釈迦様から道元様・瑩山様など代々弟子として続くお葬式を勤めた和尚様の弟子となります。

○「禅戒一如」の教え

曹洞宗宗憲といわれるものがあります。これはどんなものかといいますと、「宗派の憲法」のようなものと私は解釈しています。曹洞宗の寺院ですと毎年宗派の手帳が郵送されてきます。このなかには手帳の機能の他に、年齢の早見表、年回忌（ご法事）の早見表など、お坊さんが先祖供養を行うために必須の内容も書かれていますが、手帳の最初に書かれているのが曹洞宗憲でそのなかには「禅戒一如《ぜんかいいちにょ》」という言葉が教義として出てきます。

「禅戒一如」とは坐禅を行うこととお釈迦様の弟子になり戒律を授けること（ご戒名を授けること）は等しいという意味です。曹洞宗では坐禅と授戒を等しく大事にしています。

松岩寺の住職（私の父）は東日本大震災で多くの方が亡くなった混乱期でも、決して授戒のない（ご戒名のない）お葬式はしませんでした。おそらくそれは住職の曹洞宗の僧侶としての一番の誇りであったのだと思います。

○院号は一般人にとってはステータス？

戒名のなかでも○○院といわれるものがあります。これが「院号」（院居士・院大姉）といわれるものです。院号は本来、お寺を建立するくらい貢献した方に授与するのですが、近年では一般の方にも多く授与されているようです。

松岩寺では現在院号はお寺の役員をされた方、特別に貢献された方などに授与し、そうでない方には一定のお布施をお願いしています。これは住職と何度も相談したうえで決めたことで、お寺に貢献した方にお出しをするのはもちろんですが、そうでない方でも院号をほしいという方がいますので、その方たちに向け、現在の形で院号をお授けしています。

ここで、戒名のなかでも質問の多い院号についてよく聞く声を紹介したいと思います。

①院号があるないであの世の行き先は変わるのか？

一切変わりません。変わるといわれる方がいたら間違いです。院号はあくまでお寺に貢献した方に対して授与するものです。成仏できないなどということはありえません。

②母親に院号がついているのに、父親に院号がついていないのはおかしい

ご住職の考えもあると思いますが、おそらくお母様がお寺の役員をしたなど、何らかの形でお寺に貢献したのでしょう。特におかしいことではないですが、気になるのでしたらお寺のご住職に相談してください。お寺によっては再授戒を行い院号を授与できる可能性があります。

私は本山で修行を終えて約9年でこれまで数千件のお葬式・ご法事を行ってきましたが、一般の方にとって戒名は一種のステータスシンボルになっているように感じました。本来院号はお寺に貢献された方にお出しするものです。その方の価値を決めるものではありませんので、ご遺族の考え次第でよいかと思います。

ここで戒名の構成について触れておこうと思います。なお、宗派・僧侶・寺院により若干の違いがありますのでご了承ください。

○戒名の構成

①院号（院号〔○○院〕・軒号〔○○軒〕・庵号〔○○庵〕・院殿号〔○○院殿〕など）

戒名の最初に位置し、3文字や多いもので全4文字です。院号は本来お寺を建立するくらいに貢献した方にお授けするものでした。お寺にもよりますが、現在ではお寺に貢献した方、ご生前にお寺とあまり交流がなく貢献されなかった方でも、ご遺族がご供養として一定のお布施をお納めすることにより、お授けすることもあります。軒号はその人が住んでいた建物、庵号はいおりのことで、それぞれ院号に次ぐ尊号とされています。また、これ以外に、院殿号や斎号といったものも使われます。特に院殿号は通常の院号より文字数が1文字多く、松岩寺ではお寺を建立した開基、気仙沼の元領主の鮎貝家など、特にお寺に貢献した方に授与されていました（他のお寺でも院殿号をお寺から授与される場合は少ないと思います。ちなみに松岩寺では近年院殿号は授与していません）。

②道号《どうごう》

元々は位の高い僧侶を表すものでした。主に趣味やご生前の功績、性格、お人柄などを示す文字が選ばれることが多いようです。

③戒名《かいみょう》

現在は授かる名前全体を戒名というのが一般的ですが、本来はこの2文字のことを戒名といいます。仏弟子としての名前にあたります。

④位号《いごう》

戒名の下につけられる仏教徒としての尊称です。男性には居士・信士、女性には大姉・信女などが使われます。他にも大居士や清大姉といった尊称も使われます。

一般的にはそれぞれ、院号（軒号・庵号）は3文字、道号2文字、戒名2文字、位号2文字となります。基本的に院号（軒号・庵号）はお寺に貢献した方にお授けするものですので、道号・戒名・位号の計6文字で戒名をお授けすることが多いようです。

○戒名を自分でつけるのはNG。ただし、相談することはできます

近年、戒名は自分で考えたいという話を耳にすることがあります。松岩寺でも戒名の原案や中身

を考え、ご相談されるお檀家さんもいます。以前ある勉強会でこのような話を耳にしました。

今までほとんどお寺に来ることのなかった方が、自分で考えたご戒名を持参し、これでお願いしたいと言います（しかも院号です）。詳しい結論は覚えていませんが、お寺側の立場からしたら困った話です。

そもそも院号はお寺を建てるくらい貢献した方に授与するものですし、戒名は仏弟子となり菩提寺の和尚様などより授与されるものです。仏弟子としての自覚もなく、僧侶より正式に十六条戒も伝わっていない方からの持ち込みです。お寺側からしたら対応に困る話です。

しかしながら、ご戒名の文字は相談することも可能です。ご本人の人柄、お仕事、趣味、お住まい。もし、希望する文字があれば和尚様に相談してください。一定のルールがありますが、ご家族の意見も聞きながら、考えることも可能です。

○戒名は必要か？

ここで根本的な問いに戻りたいと思います。たまにお寺に寄せられる質問で「和尚さん、俺は戒名はいらないんだ」「和尚さん、戒名は必要なの？」というものがあります。読者の皆様のなかにも疑問に思う方がいるかと思います（こういった質問の背景にはお布施についての疑念もあるかと思います）。結論から申し上げます。

お寺にお葬式をお願いし、仏式のお葬式を希望されるのであれば、本来戒名は必要です。我々僧侶は故人様を仏弟子としてお釈迦様の教えを授け、引導をお渡しし、仏様の世界へ導きます。ご戒名を授け心を込め読経し故人様の弔いを行うことが、お寺の大切な役割であると私は考えます。

また、先ほど戒名の構成でも少し書かせていただきましたが、本来の戒名は2文字です。授戒は生前に行うこともできます。宗派の本山や菩提寺、授戒会という儀式に参加し、戒名を授与し生前より功徳を重ね、仏弟子として人生を歩むことができます。僧侶にお願いする仏式のお葬式では戒名は必要であると私は考えます。

お葬式の内容。お坊さんが何をやっているのかわからない

○引導法語・秉炬、お別れの言葉と弔辞の重み
ここで授戒以外のお葬式の内容について説明したいと思います。

お葬式を行う際にもう一つ大切な儀式があります。これが引導法語《いんどうほうご》・秉炬《ひんこ》です。引導法語・秉炬とはお葬式の際に、お葬式を執り行う和尚様がこの世からあの世への引き渡しを行う儀式のことで

す。

通常は、お葬式の前に喪主様や世話役になっている方と事前に打ち合わせを行い、故人様のご生前の行いなどをお葬式の際に読み上げ、法炬《たいまつ》に見立てた葬具を振り、お葬式を行う和尚様がこの世とあの世の引き渡しを行います。世間で使う「引導を渡す」もこの引導法語が由来ともいわれています。ご生前に戒名を授かっている場合は、授戒は行われず引導法語・秉炬がお葬式の中心となります。

ただ、近年は都市部を中心に、一日葬や直葬など、ご供養の簡略化の話を耳にします。各々の事情はあるでしょうが、どんな場合でもお坊さんとして故人様に寄り添い心を込めてご供養を行うべきでしょうし、喪主様・残されたご家族のため精一杯自分ができるお勤めを行うのが和尚の役割であると私は考えます。

◯告別式（お別れの言葉と弔辞・弔電）

お葬式のなかでは授戒・引導法語・秉炬以外に大切な儀式があります。それが告別式です。告別式では故人様と親しい方、お孫様などが行う弔辞とお別れの言葉、各地より寄せられる弔電の奉読、喪主様からの挨拶がなされます。

特にお別れの言葉と弔辞は大切であると私は考えます。故人様とのご生前の思い出。ともに行った地域の行事や趣味の活動。お孫様と遊び時間をともにし、やがて成人をむかえ結婚し子供が生まれ、曾孫様の成長を楽しみにしていた様子。急なご不幸で泣きながらもしっかりと死に向き合い、感謝の言葉を述べた様子。それぞれのドラマがあり、長い人生のなかで歩んできた友情や思い出は、聞く方の心の底まで響くことがあります。

また、遠方に住んでいながらも悲しみの思いを伝えられる弔電も大切であると私は考えます。特に最近は新型コロナウイルスの感染拡大による外出自粛や、遠方にお住まいでお葬式にかけつけることが困難な場合もあります。故人様への悲しみを伝える手段が弔電です。なかには形式的なものもありますが、親友や遠方のご家族、故人様に近い方の言葉は、ご遺族にもしっかり思いが届くことでしょう。

○お葬式と合わせて知っておきたい法要（枕経・火葬場〔荼毘・出棺〕のお勤め・通夜〔本通夜〕）

ここで、お葬式とともに行われる枕経・火葬場（荼毘・出棺）のお勤め・通夜について説明させていただきます。

枕経《まくらぎょう》は亡くなってからはじめに行うお勤めのことです。元々は生きているうち、ご生前のうちにお釈迦様の教えであるご法話を聞き、故人様が安らかな気持ちのなかで死後の世界に旅立てるよう行ったのが起源といわれています。

私もこれまで多くのご遺族とともに枕経の法要を行いましたが、枕経はご遺族と向き合い落ち着いて話を聞くことができる場であると感じています。急なご不幸で悲しみのなかにいるご遺族のサポートをしながら、これからのお葬式に備えるご親族や葬儀社。特に私の住む気仙沼市では、ご近所やご友人、ご親族のご関係も強く、故人様に普段から接する近しい方が参加するなか法要が行われます。なるべく故人様への感謝の思いを込め、法要への参加を心がけることが大切です。

○火葬場（荼毘・出棺）のお勤め

全国的にはお葬式が終わってからの火葬が多いようですが、気仙沼市ではお葬式の前に行うのが一般的です。松岩寺では喪主様の世話役をされている方などがお寺に迎えにきて、火葬場に向かいます。火葬場ではご家族・ご親族はじめご近所の方がおみえになり法要が行われます。

お坊さんの読経、参列された皆様と故人様の肉体との最後のお別れ。最後のお別れをするご遺族、悲しみで涙が止まらない参列者の皆様。亡くなってからのご供養の儀式のなかでも、とりわけこの火葬場でのお勤めが一番故人様の死を感じるものかもしれません。

○通夜（本通夜）

この本通夜のお勤めですが、お釈迦様が亡くなった際、多くの方が悲しんでいるところをお釈迦様のお弟子様である阿難尊者《あなんそんじゃ》様という方が夜を徹して、お釈迦様の教え・法話を説いたのが起源といわれています。またこの通夜は別名夜伽《よとぎ》といい、故人様と近しい方が、夜を徹して故人様の思い出話をしたことが起源となっています。

通夜の法要では、通常お坊さんの読経と合わせ通夜説法が行われる場合があります。お坊さんにより話す内容は違いますが、主にお葬式やお通夜の意味、ご戒名の由来、ご生前のご功徳やご供養の意味について語られます。

○お葬式・ご法事・ご供養は何のために行うの？

ここで、本書のなかでの一番の問いであるお葬式は何のために行うのかについて、私の考えをお伝えしたいと思います。私の考えるお葬式・ご供養を行う理由は「お葬式は人生の卒業式であるから」です。

大切なのはご家族、ご親族、ご友人など故人様とご縁のあった多くの人たちが、一緒に泣き、一緒に悲しみ、心から感謝の思いを込めてご供養を行うことです。

「おじいちゃん、おばあちゃん、今まで本当にありがとう。残された俺たちは、おじいちゃん、おばあちゃんの分までしっかり生きていくからね」

私の師匠である住職や、先輩の和尚様方にご指導いただきながら日々檀信徒の皆様のご供養を行っているのですが、このようなことを、檀信徒の皆様や法要に参加された皆様に聞かれることがあります。「和尚さん、ご供養っていうのはどういうことなのさ？」私も仏典など本を読みましたが、なかなか皆様にわかりやすい言葉が見つかりませんでした。探していくなかで曹洞宗のホームページにご供養について書かれていた言葉がありましたので、ご紹介したいと思います。「ご供養とは、忘れないこと」です。少し私なりの解釈を書かせていただきます。

ご供養で一番大切なことは、亡き人を忘れないことであり、亡き人とのご縁を大切にすることであると私は考えます。そう考えると、歴史上のお釈迦様という方に行き当たります。ご存知の通り仏教の祖であり、仏様の教えを説いた、我々仏教徒にとって最も尊い存在です。

歴史上のお釈迦様ですが、今から約２５００～２６００年前にすでに亡くなっています。しかしながら、お釈迦様の教えというものは、お釈迦様から、インド、中国、日本へと渡り、達磨様……道元様、歴代の祖師様方から脈々と伝わり、私の師匠、そして私と代々教えという形で我々の心のなかに生きています。

そう考えると歴史上のお釈迦様は亡くなっても、お釈迦様の教え、お心をいうものは我々の心のなかに生きていて、生きている我々のことを仏様の世界から、見守ってくれているといえるのではないでしょうか。

故人様も同様です。皆様が故人様を忘れず、故人様とのご縁を大切にすることで、故人様というものは今も皆様のなかに生きているということがいえるのではないでしょうか。

昨今はコロナ禍や新しい生活様式のなかでお葬式もさまざまな選択肢や形が模索されています。

本書でも第3章で紹介させていただきますが、ご事情がありお葬式にかけつけることができない場合も、何らかの形でしっかりとお別れの形を示していくことが、大切であると私は考えます。

○お葬式はいつからスタートしたのか？　今から約7万年前のお葬式

昨年の秋彼岸頃の話です。『曹洞宗禅クラブ』という本があり、駒澤大学の名誉教授である佐々木宏幹先生はこのような話を書かれていました。

「弔い（お葬式）の起源は古く、約7年前にイラクのシャニダールの洞窟内に置かれた遺体には数種の花が供えられていて、現在ではこれが最古のお葬式の証拠とされています。また、人類の文化の起源とも考えられます」

有史以前から行われている弔いの形。人が亡くなり何らかの形で故人様への思いを寄せ示すことは、自然なことかもしれません。人は生まれおち、成長し、老化し、なかには病気となり亡くなる方もいます。仏教が示す「生・老・病・死」は宗教以前にだれもが向き合う共通の課題であると私は考えます。

○ご法事の意味

お葬式を終えると行われるのがご法事です。ご法事とは本来、お釈迦様や仏様の教えやお心を知ることを指しているのですが、現在は仏事・亡くなった方のご供養を指す言葉となっています。

ご法事には、亡くなった日から七日ごとに四十九日まで行う中陰があり、その後は百ヶ日、一周忌、三回忌、七回忌、十三回忌、十七回忌、二十三回忌、二十七回忌、三十三回忌などの区切りの年に行います。

○なぜご法事を行うのか？

ここで、少しご法事を行う意味について説明します。江戸時代から伝わる十三仏のお話（冥途の裁判官と仏様）などもありますが、私が一番共感した宗派の研修で講師をされていた和尚様より教わった話を、皆様にお伝え致します。

先ほども少しお話ししましたが、四十九日、百ヶ日法要というものがあります。これは何のために行うのでしょうか？　四十九日、百ヶ日というものは、故人様が亡くなったという事実を生きている皆様が受け入れるために行うそうです。

お葬式ともなるとあまりにたくさんやることがあります。ご親族やご近所への連絡、市役所への死亡の届出、火葬場の予約、葬儀社との交渉、お寺との相談……。何よりもそこに「大切な人の死」

という大きな悲しみが降りかかってきます。

私もこれまで数百件のお葬式に立ち会ってきました。最愛の人を亡くし悲しみ、お葬式のなかで泣き出す方、頭では亡くなっているのがわかっていても、思考が止まり何もできなくなってしまう方、悲しみを振り返らず目の前のことを淡々とこなす方。本当に三者三様ですが、なかなか落ち着いて故人様の死というものを受け入れられる方はいませんでした。

四十九日、百ヶ日法要の役割は、これまで慌ただしかった様子が落ち着き、故人様の死というものを受け入れる場であるというものです。

それではそれ以降一周忌、三回忌、七回忌……、三十三回忌。このご法事は何のために行うのでしょうか。このご法事は、生きている皆様が故人様に対して、亡くなってからの有り様を報告するために行うものです。

「おじいちゃん、おばあちゃん、お父さん、お母さん、私たちは今こうしてご法事をむかえることができている。亡くなってから今までを振り返るとあんなこともあったし、こんなこともあった。いいこともあったし、大変なこともあった。おじいちゃんが生きてた時の孫はこんなに大きくなって、こうして一緒におじいちゃんのご法事に一緒にきている。これからも、家族・親戚、いいことも、大変なこともあるかもしれない。だけど、おじいちゃん、私たちはこうして頑張っているから仏様の世界から生きている私たちのことを見守っていて」

これがご法事の役割と私は考えます。

◯ご法事はどこまでやればよいのか？　複数人分のご供養を一度に行ってよいのか？

よくお檀家さんと話をしていると、三回忌や七回忌まではご法事を行い、その後はご法事を行わない方もいれば、お葬式のみを行い、ご法事を行わない方もなかにはいます。各々家庭の事情はあるとは思いますが、年回忌はできるだけ省略せずにしっかりと行うべきであると考えます。いつまでご法事を行うかですが、家々のお考えにもよりますが、三十三回忌は清浄本然忌《しょうじょうほんねんき》といいご先祖様の仲間入りのご供養となるため、三十三回忌を目途にされる方もおられます。

私が経験したなかでは五十回忌のご法事をされた方もおられました。曹洞宗では道元様の七百五十回忌や瑩山様の七百回忌（大遠忌《だいおんき》といいます）のように高祖様・太祖様はじめ歴代の祖師様とのご縁を大切にし、長い年月を経た今でもご法事が執り行われます。また、ご家族や菩提寺の和尚様の考えにもよりますが、複数の方のご法事が重なった場合、ご法事を一緒に行うこともできます。

もし、ご家族・ご親族が遠方で参加できないなら、今いる自分たちでだけでいいので、お葬式をしてもらった菩提寺の和尚様にお願いし、お塔婆《とうば》を建ててもらってご供養を行ってください。今、生きている皆様が故人様を忘れず故人様とのご縁を大事にし、ご供養を行うことで故人様というものは今もそしてこれからも心のなかに生きていて、そして必ず、必ず生きている皆様のことを我々の手の届かない世界、仏様の世界より見守り続けておられます。

○東日本大震災から1年後のご法事

今から9年前の春。私が本山で修行を終え松岩寺に戻ってきて2か月が過ぎたときのことです。東日本大震災で亡くなった方の一周忌のご供養がはじまりました。

震災から1年。お寺から海岸に向かうまでの道は、山のようにあった瓦礫がなくなり、これまで住宅や商店でにぎわっていた町並みはすべて消え、まるでそこには今まで何もなかったような広い敷地が続いていました。人々の生活も少しずつ落ち着き、小学校や体育館で暮らしていた人たちは少しずつ新しい住まい、仮の住まいに移りはじめた、そんななかでのご法事でした。

震災から1年ということもあり、この年のご法事は本当に忙しかったのを記憶しています。午前中からはじまった法要は午後まで続き、法要に参加される方で本堂や大広間は溢れました。私も住職も震災で亡くなった方のためなるべく丁寧にお勤めを行い、声が枯れながらも、その日その日のお勤めをさせていただいたのが今でも記憶に残っています。

そんななか、ある方のお勤めをしていた時です。いつものように般若心経をお唱えしていると、歳は60歳前後でしょうか？　もの静かそうな女性の方が、ボロボロと涙を流しはじめたのです。

「どうしたのですか？」

私と住職がお勤めの終わったあとにかけよると、その方はこう言われました。

「和尚さん、私はいまだに娘が亡くなったって信じられない。明日にも帰ってくるんではないかと今でも思っている」

聞けばこの方は、震災の日に仕事に出かける娘さんを、玄関まで見送ったそうです。

「お母さん、行ってくるからね」

それが娘さんと交わした最後の言葉でした。

それ以来娘さんのご遺骨も見つからず、いまだに亡くなったのが信じられない、いまだに娘さんが帰ってくるのではないかと思っているそうです。

私が修行した大本山總持寺に江川禅師という方がおられます。江川禅師はよく「我逢人《がほうじん》」という言葉を使われます。我逢人とは人との出会いや尊さを3文字で表した言葉です。江川禅師は人と人とのご縁、出会いを大切にされております。

我々が故人様にできることとは、故人様を忘れない、故人様とのご縁を大事にするということ、そして、故人様の分まで今を生き抜くことではないでしょうか？

ご法事は故人様と今を生きる皆様の大切な修行の場です。今を生きる人と亡き方、今を生きる人同士。人と人とのご縁をつなぐ場であると私は考えます。

○ご法事のお布施の話

参考までにご法事のお布施について書かせていただきます。お寺によってそれぞれですが、私の聞いたなかでは平均3万〜5万円が多いようです。また、お寺によっては塔婆代が数千円程度必要な場合もあります。ご心配でしたらお寺に聞くのが一番ですが、無理のない金額を気持ちよくお包みすればよいでしょう。

○仏事・ご供養をしてはいけない日はあるのか？

これもたくさんのお檀家さんから質問を受けますが（私はおそらく100回以上お檀家さんに説明しましたが、まったく浸透しません）、曹洞宗の僧侶の立場でお答えしますと、仏事・ご供養をしていけない日は一切ありません。繰り返し申し上げますが一切ありません（それほど多くの方に何度も聞かれます）。

禅語の日日是好日《にちにちこれこうにち》という言葉が示すように、世の中に尊くない日などありません。すべてがよい日ですので、友引でも大安でもお葬式・仏事を行って構いません（曹洞宗発行の曹洞宗手帳にも記載があり、宗派の公式見解といって間違いないでしょう）。

しかしながら、こうした六曜といわれる日をみる風習は、古代中国から伝わり、江戸時代に定着したといわれています。仏教とは関係ないですが、今日でも広く一般の方に浸透し、お檀家さんでも日を気にする方がいますので、実際にはご家族やご親族の考えでよいでしょう（なかには大切な法要を省略しても、友引を避けてお葬式などを行いたいという方もいます。こちらの方がお坊さんからしたらかえって心配になりますが……）。

そもそも檀家とは何なのか？

檀家制度について説明させていただきます。江戸時代から、令和の世になった今日まで、数百年続いる檀家制度とは、一般の人がお寺に属する変わりに、お寺はその人のお葬式・ご法事などの先祖供養を専属で行うことができる制度です。

今の職業で一番近いものを考えると、弁護士や税理士の顧問契約が近いと思います。顧問契約を結ぶと弁護士はその会社や個人の法律にかかわることを一切を専属して行い、税理士は税務についての一切を行うことができます。お客さんは専門家にいつでも、法律・税務について任せることができ、心強いパートナーとなります。

お寺も同様で、お檀家さんになればいつでも、お寺にお葬式・ご法事などのご供養・ご祈願などをお願いすることができます。檀家制度では、お寺に所属しお葬式やご法事などを依頼し、お寺を守っていく人を檀家、檀家が所属しているお寺を菩提寺《ぼだいじ》といいます。菩提寺は本書でも多く使われる言葉ですので、是非この場でおさえてください。

○檀家制度は善か悪か？

檀家制度には批判もありますが、私は決して悪いものではないと思います。その一番の理由はお檀家さんの「自分たちのお寺を守ろう」とする意識です。

うちのお寺によく来るおじい様がいます。歳は80歳前後で白髪。いつも杖をつきながらこんなことを言われます。

「和尚さん、このお寺はねぇ、俺のご先祖様が建立したお寺なんだよ。小野寺仁兵衛道清さんって人が、ここであった鉱山の事故をご供養するために建立したんだぁ。俺にも仁兵衛さんの血が入っていて、これからもずっとお寺を守っていくんだ」

松岩寺も開山し約380年以上となりますが、今まで多くの危機がありつつも、お檀家さんの支えがあり、今日まで、しっかりと続いています。

今、世の中のお寺が潰れずに残っているのも、江戸時代からの檀家制度があり、お檀家さんがご住職と一緒になり代々お寺を守ってきて、多くの人のご先祖への供養の思いとしっかりと向き合ってきたからではないでしょうか。

○「檀家＝家族」がお寺の理想

私も多くのお寺、お檀家さんの話を聞くことがありますが、一番の理想と考える関係があります。それは「檀家＝家族」の関係です。今の檀家制度では、そこまで多くはないかもしれませんが、家族同様の関係でお寺と付き合っているお檀家さんの話も耳にします。そういった関係性でお寺を守っている地域はコミュニティの結びつきが強く、お寺の護持に積極的です。本堂の伽藍整備など大事業を行う際も、寄付が集まりやすいと聞いたことがあります。

○関係を自由に選べるお寺も魅力

ご家族のようなお付き合いがありコミュニティとその関係が深いお寺もあれば、関係を自由に選べるお寺もあり、それぞれに魅力があると私は考えます。お檀家さんのなかには、「お寺はお葬式やご供養を依頼できさえすればよい」「ひとまず何かあったとき、ご供養をお願いできればよい」このような感覚の方もいるかと思います（個人的には少し悲しい気はしますが……）。

関係性を選べ、肩肘をはらなくてよいお寺。一方で歩み寄る方にはご家族のようなしっかりとしたお付き合いができるお寺も魅力的であると私は考えます。

○檀家になる、檀家にならないは個人の信仰の自由

お葬式を依頼すると檀家になる必要はあるのでしょうか？　このような質問を受けることがありますが、結論を先に申し上げます。檀家になる、檀家にならないは個人の自由です。日本国憲法では第20条で信仰の自由が保障されています。お葬式を依頼したからといって、檀家になる義務はありません。

○自分にあったお坊さん・お寺を見つけよう（お坊さん・お寺の選び方）

ここで、お坊さん・お寺の選び方について私なりの考えを書かせていただきます。

まずは必ずご住職に会い、わからないことは気兼ねなく聞くのです。

お寺によっては墓地の募集は業者やお檀家さんが行っている場合もありますが、墓地の永代契約やお葬式などを依頼する前に、お寺の檀家になる場合は必ずそのお寺のご住職にお会いし話を聞いてください。

ここで私が考えるお坊さん・お寺のチェックリストをお伝えします。

①お人柄について

これは必ずご確認ください。

世の中には約30万人のお坊さんがいます。ご自身にあった性格、考え方、誠実であるかなど、将

来お葬式・ご供養をお願いするイメージをもちながら話すとよいと思います。また、ご住職が高齢の場合、将来代替わりが予想されます。次世代の住職候補である副住職なども同様に話す機会をつくることが大切でしょう。

②寺だよりのチェック

ご住職の考え方やお寺の姿勢がわかる大切な書類です。発行の頻度はお寺によって大きく異なります。お寺に行ったらもらうようにしましょう。

③墓地管理費・護持会費などについて

お寺によって大きく異なります。同じ市内でも、なかには数倍の違いがあったり、集金方法も振込やお寺の担当者による集金があります。お寺名義で業者などが霊園で管理する場合もあったり、なかには墓地管理費・護持会費などがない場合もあります。

④お布施について

お寺によって大きく異なります。お葬式やご法事などで金額が決まっていたり、まったく決まっていなかったりするので、注意が必要となります。具体的には、お布施の聞き方の項目でも話しましたが、しっかりと確認することが大切です。

⑤年中行事

自由参加の行事、原則参加が必須の行事などお寺の考え方により異なります。お寺で年中行事の表などがあればいただき、ご確認ください。

⑥ご親族に相談

特に地方で家も近所で親戚付き合いをされている方は、まわりの意見も参考にするとよいでしょう。本家、分家の意識の強い地域では、本家と同じお寺の檀家となることも多いようです。

私がこれまで相談を受けた方のなかでは、「遠方の住まいなのだが実家の菩提寺を選び墓地を契約した。しかし、親類に反対され檀家をやめることになり、墓地の永代使用料の返却がされなかった」という例もあります。後述しますが、墓地の永代使用料は契約すると返却できません。

お寺の檀家になるということは、そのお寺を支え、代々ご供養を依頼するということです。よくよくご自身でも考え、お寺を選ぶべきでしょう。

⑦檀家総代、葬儀社、石材店などの話

普段、お寺と接している方の話は一番説得力があると考えます。檀家総代（お寺に所属するお檀家さんをまとめていく立場の方）はお寺を守っていく立場で、よく事情を把握しています。また、地元の葬儀社、石材店はその地域との密着度も高く、普段からお寺とのつながりがあり、よく事情を把握しています。

⑧イベントや墓地の見学会などへの参加

お寺を知るよい機会です。進んで参加し、お寺の雰囲気を感じましょう。

⑨ご家族にもよく相談し最後は自分の意思でお寺を選ぶ

忘れてはいけないのは、ご家族としっかりと相談することです。お葬式やご法事などのご供養は必ず次世代に関係する話です。必ず、ご家族に相談してください。ご住職と相談する際も、息子さんや娘さんと一緒に話を聞くのがよいでしょう。

一番近くのお寺、親類がいるお寺に決めなければいけないという決まりは一切ありません。ご自身とご家族が納得し、このお寺にならば将来ご供養をお願いしたいというお寺を見つけましょう。

○急なご不幸の場合

先の内容とも少し重複しますが、急なご不幸でお葬式を依頼する場合も、お葬式をしたら檀家になる義務があるかの確認が必要です。

お寺によっては、お葬式を依頼する＝必ず檀家になると考えるご住職もいます。お葬式のお布施や寄進の考え方はお寺のご住職によってだいぶ変わってきます。お寺との信頼関係ができていればよいのですが、場合によってはこんなに費用がかかるとは思っていなかった、こんなはずではなかったということもあります。特にお寺の檀家でない方がお葬式を依頼し、お墓が決まるまでお寺にご遺骨の一時預かりを依頼した際は、ご住職もそのまま檀家になると思っていることが多いようです。

もし将来他のお寺にご供養を依頼する場合、最初にお葬式を依頼したお寺とトラブルになることがあるので、先のチェックリストも参考に確認することをおすすめします。

お盆、お彼岸、お仏壇（ご先祖様と今を生きる人たちのつながりを確認する場であり儀式）

ここで、お盆とお彼岸、お仏壇とは何かについて説明したいと思います。

○お盆とは？

まずお盆ですが正式には盂蘭盆《うらぼん》といい、昔から行われている仏教行事です。主に7月、8月の決められた時期にお墓参りを行い、地域にもよりますが盆棚を用意しご先祖様の里帰りの準備、迎え火や送り火を行い、ご先祖様のお迎えや見送りを行います。お寺によってはこの時期に合わせ、棚経・盂蘭盆会の法要を行い、お寺での合同供養、お檀家さんの家々を一軒一軒回りご先祖様のご供養を行います。

○お彼岸とは？

お彼岸は春と秋の2回あり、春分の日、秋分の日の前後3日をはさんだ7日間をさします。ご先祖様への感謝、自然への感謝を願い、お墓参りや彼岸会（彼岸のご先祖様のご供養）などが行われます。日本では彼岸会は古くから開催され、古くは平安時代初期に編纂された日本後紀にも、崇道《すどう》天皇の無念の死を鎮めるために、国分寺の僧侶がお経を唱えご供養をしたという記載があります。

○ご先祖様、ご家族、ご友人、多くの皆様とのご縁を確認する場

私はお盆、お彼岸は、ご先祖様と今を生きる自分、ご家族やご友人など多くの方とのご縁を確認する場であると考えます。特にお盆は多くの方が里帰りを行い、ご先祖様のご供養のためお墓参りを行います。高校や中学のご友人、実家のご家族、多くの人と会いこれまでの思い出話やこれからの自分たちの生活について話をします。ご先祖様と今を生きる人たちをつなぐ場。これがお盆の役割と私は考えます。

○お仏壇は自宅版お寺の本堂

お仏壇について少し書かせていただきます。

「和尚さん、俺の家には仏さんがいないんだけど仏壇はいらないよね？」

よくこのような質問を受けますが、これは仏教的には間違いです。お仏壇はご自宅のなかのお寺の本堂であり、皆様とお仏壇のご本尊様、ご先祖様をつなげる大切な仏道修行の場なのです。前述の生前墓の話でも書かせていただきましたが、世の中に亡くなった方、ご先祖様がいない家など存在しません。あなたのいのち、お父様、お母様、おじい様、おばあ様……。いのちのバトンが続き今のあなたのいのちがあります。

○20世代前では100万人を超すいのちのバトンが続いている

あなたにはお父様がいてお母様がいます。そのお父様、お母様にはそれぞれ、お父様とお母様がいます。こうして数えていくと10世代前では1024人、20世代前ではなんと100万人のいのちのバトンが続いているのです。

世の中に仏様（亡くなった方）がいない家など存在しません。ご自宅のお仏壇はこうした多くのご先祖様に手を合わせる大切な仏道修行とご供養の場です。仏様がいないという理由でお仏壇がいらないということはありませんので、なるべくご自宅にお仏壇を準備し手を合わせたいものです。

○ご本尊のないお仏壇

私のまわりでは聞かないのですが、都市部などではご本尊様のないお仏壇が存在することがあるそうです。ただ、これはお坊さんからみて本来のお仏壇ではありません。お仏壇のご本尊様は、お寺でいう本堂のご本尊様と同じ役割です。お寺ではご本尊様が、檀信徒・皆様のご先祖様、地域の皆様などを守り、信仰の中心になります。お仏壇を準備する際は必ずご本尊様も準備しましょう。

○故人様・ご先祖様の依り代の位牌

お仏壇と合わせて知っておきたいのが位牌についてです。位牌は故人様・ご先祖様の依り代と考えられており、故人様の戒名・俗名（ご生前の名前）・没年月日が記され、お仏壇やお寺などに納められます。位牌の種類は主に次の三つです。

①野位牌《のいはい》

お葬式の際につくられる白木の位牌です。簡素なつくりのものがほとんどです。元々は墓前に祀られ朽ち果てるまでお供えするというものです。

②本位牌《ほんいはい》・内位牌《うちいはい》

自宅のお仏壇などに納める朱塗りの位牌です。

③寺位牌《てらいはい》

寺院の位牌堂などに納める位牌のことです。お坊さんの日々のお勤めでご先祖様のご供養が行われます。

○苗字の違う家の位牌は同じお仏壇のなかに納めてよいのか？

こちらも最近相談が多いので書かせていただきます。昨今は少子高齢化や墓じまいなどご家族の小規模化に伴い、お仏壇の位牌の取り扱いについての質問も多くなりました。特に私のもとに多く寄せられる質問があります。それは苗字の違う位牌を同じお仏壇に納めてよいのかというものです。

実家のご両親・祖父母のご位牌、ご親族の位牌には、大切なご家族・ご親族の魂がこもっています。何とか大切にしていきたい、このような思いからの相談が多く寄せられます。地域によっては一緒に入れるものではないという言葉を耳にすることがありますが、僧侶としてお答えします。何も問題ありません。ご縁のあった大切なご家族・ご親族です。是非ご自宅のお仏壇に納め、ご先祖様・故人様とのご縁を大切にしてください。

前述の通り、お仏壇とご位牌はお寺でいう本堂とご本尊様です。多くのお寺ではお檀家さんはじめ、三界万霊（ありとあらゆるいのち）のご供養を行っています。位牌堂・納骨堂のあるお寺では、多くの苗字の違う方のご位牌などが納められています。苗字の違う方が一緒に入ることができないのであれば、お寺は必要ありませんし、本来の仏教の考えではありません。問題なく同じお仏壇に入ることができます。しかしながら、地域の慣例や習慣により避けたいというご親族の考えもあります。ご家族・ご親族とも相談し納得のいく選択を行うことをおすすめします。

余談ですが、苗字の違うご位牌を納めないで一つのお仏壇で手を合わせる場合、例えば過去帳にご戒名などを記載し手を合わせる、過去帳を○○家○○家の２家分つくり（もしくは一つの過去帳に２家分を記入する）。先祖代々のご位牌を作成し、手を合わせるなどの方法が考えられます。いずれにせよ、さまざまな形を模索し、皆様の心が落ち着く選択をされることをおすすめします。

○故人様・ご先祖様の依り代を宿す（開眼供養）

お墓やご位牌をつくった際に必要になるのが開眼供養です。開眼供養はつくったお墓や位牌に、お坊さんが読経し魂を入れる大切な法要です。お花やお供物を準備し、お墓、ご位牌の前で行います。準備するものは地域や宗派によっても違いますが、お花やお菓子・果物などのお供物が必要になります。お布施も地域やお寺により違うようですが、お寺の話を聞くと１万～５万円くらいが多く、平均すると３万円くらいのようです。

今や当たり前、お墓の後継者不要の永代供養墓

近年、多くのお寺で取り組みをはじめたのが「永代供養墓」です。永代供養墓とはお寺などが運

営する皆様で使う共同のお墓のことです。近年は雑誌などで「お墓のマンション」などと呼ばれたりもしているようです。

永代供養墓には大きく分けて二つのタイプがあります。一つは「合葬」で、もう一つは「骨壷のままご遺骨を預かるもの」です。合葬の場合、納骨は骨壷からご遺骨を出し専用の納骨袋に入れます。お寺によってはそのまま、ご遺骨をカロート（ご遺骨を収める場）に直接納めることもあるようです。スペースをとらない分、費用は安価ですが、原則一度納骨したらご遺骨の返還はできません。骨壷のままご遺骨を預かるタイプは、そのまま供養墓でご遺骨が保管されますが、お寺などによっては、三十三回忌などを区切りに合葬される場合があります。

松岩寺永代供養墓

○まだある！　さまざまなタイプの永代供養墓・納骨堂

大まかな分類は合葬・骨壷のまま預かるタイプですが、全国のお寺や自治体・霊園などではさまざまなタイプの永代供養墓・納骨堂があります。私の知る限りですが、いくつか紹介したいと思います。

①観音菩薩など仏像やお墓などをシンボルとしたもの

中心に観音菩薩や供養墓があり、地下に納骨のスペースがあります、ご戒名や名前などを彫るスペースがあり基本的にはいつでもお参りできます。デザインもさまざまで、お寺・霊園により個性があります。

②自動搬送式納骨堂

参拝スペースまでご遺骨が機械で運ばれてくるタイプの納骨堂です。永代供養がついている場合が多く、都市部を中心に多くみられます（私の住んでいる地域にはありません。土地のスペースに限りがあり、人口が集中する都市部で見かけます）。

③お墓がセットのもの

一定期間お墓を利用し、十三回忌、十七回忌、二十三回忌など期間を決め、お墓にご遺骨を納め将来合葬するというものです。

④無宗教の永代供養墓

特に自治体などの公共機関が運営する納骨堂（永代供養墓）は宗教色がなく、シンプルなものが多いため、永代使用料も比較的安価な場合が多いようです。

○永代供養墓はどんな人に向いているのか？

ご夫妻のみで子供のいない方、お一人身の方、子供はいても別世帯、他の家に嫁がれたなど、お墓はあるが後継者がいない方に向いています。

○永代供養墓を選ぶポイント

前述のお坊さん・お寺選びと合わせ、ここで私が考える永代供養墓を選ぶポイントについていくつか書かせていただきます。

①無縁塔と永代供養墓の違いに注意

これは、私が実際にお坊さんと話をした際に感じたことですが、お坊さんのなかには「無縁塔＝永代供養墓」と考えている方もいるようです。しかし、これは大きな間違いです。無縁塔は文字通り「生前に無縁になったご遺骨を収める塔」で、永代供養墓は「永代にわたり故人様をご供養するお墓」です。

永代供養墓の場合、お盆やお彼岸に合同供養が行われたり、ご遺族の方が定期的にご法事やご供養を行いお参りをします。供養墓はお寺が管理し、永代にわたりしっかりとご供養が行われます。

しかし、「永代供養墓＝無縁塔」と考えているお寺の場合は、それがない場合がほとんどです。もし、これから永代供養墓への納骨を考えている場合は、管理を行うお坊さんに永代供養墓なのか、無縁塔なのかの違いを確認してください。「意味はほとんど同じだよ。無縁になる人を納めるんだ」という答えが返ってきた場合、そのお寺は「永代供養墓＝無縁のご遺骨を納める場所」と考えている場合があるので、注意が必要です。

②宗派・宗教の制限も確認する

永代供養墓の場合、宗派や宗教は不問で檀信徒になる必要のない場合もあります。反対に宗派や宗教の制限がある場合もあるので、申し込みの前に必ず確認する必要があります。

本来、ご供養の場はご自身の意思で決めるべきものですが、お寺によっては永代供養墓に納骨するとお檀家さんになり、他のお寺の永代供養墓への納骨は一切認めないと主張する場合もあります。そういった場合、後々トラブルとなる場合もあるので、注意が必要です。

③それぞれのタイプの違いに注意

お寺や霊園にもよりますが、骨壺のままご遺骨を預かるタイプは、ご夫妻やご家族、お一人ごとに区切り部屋に分かれるものあります。また、将来ご遺骨を引っ越す可能性がある場合、合葬を選ぶとご遺骨を持っていくことができませんので注意が必要です。

④永代使用料は返金できない

規約にもよりますが、一度納めた永代使用料は原則返金することができません。申し込みの際は慎重な判断が必要です。

⑤アクセスや永代使用料の確認

アクセスのよさやお参りのしやすさ、永代使用料も必ず確認しましょう。永代使用料はお寺・霊園により大きく異なります。

⑥規約のチェックも忘れずに

これは必須です。必ず永代供養墓の規約を確認することをおすすめします。後々のトラブルやお互いの行き違いの防止など、永代供養墓を契約するうえで重要な事項がすべて規約に書かれています。なかには規約のないお寺もありますが、もし自身が檀家でご住職にものを言える立場でしたら、つくるように話をしてください。自治体の解釈にもよりますが、通常永代供養墓は行政の発行する納骨堂の経営許可証が必要です（墓所の経営許可とは異なります。最近では行政に無許可で納骨堂を経営し逮捕されたという事例も発生しています）。必ず管理者より説明を受けることをおすすめします。

⑦ご家族の希望も大切に

ご家族によっては故郷で眠りたい、費用を抑えたいなどさまざまな要望があります。さまざまな永代供養墓を見学し、ご家族・ご自身の納得できるご供養の場を選ぶことをおすすめします。

⑧公営の永代供養墓、納骨堂、樹木葬は永代供養でなく永代保管

公営の永代供養墓、納骨堂、樹木葬で注意すべき点があります。それは公営はあくまで永代保管であって永代供養ではないことです。公営の永代供養墓、納骨堂、樹木葬墓所では原則宗教色のある僧侶の読経や弔いを行うことはありません（私の知る限り追悼式など納骨された方のご供養を行

う自治体は聞いたことがありません）。あくまでお墓の後継者がいないことなどにより、ご遺骨を保管することが目的です。

⑨寺院主導か？　業者主導か？　ＮＰＯ・老人ホーム運営も

特に都市部では石材店などの業者主導の霊園をよく目にします。私の知る限りその多くが寺院墓地の経営権を使い販売を行うタイプです。特に業者主導の永代供養墓の場合、必ず本来の墓地の管理者である寺院のご住職に会うことをおすすめします。なぜなら寺院と業者では目的が違うからです。

石材店などの業者の目的は主に利益を上げることです。お客様の求めている商品は何か？　アクセス、商品性、価格など彼らの分析は鋭く、常にどうやったら利益を上げられるかを考え、鋭い切り口で事業を進めます。

一方、寺院の目的は主に仏教・宗派の教えを広め、人々の安寧を願い心を込めて弔い、ご供養を行うことです。そのために新規の檀家、墓地の募集や永代供養墓を募集します。お寺を護持しお檀家さんや地域のために大切なご先祖様を守っていくことが大きな役割の一つであると私は考えます。

両者の目的は重複する部分はありますが、食い違うこともしばしばです。特に業者が主導の場合は利益を得たら、あとは寺院に管理を丸投げし撤退という話も耳にします。いずれにせよ、最後に故人様のご遺骨を預かりご供養を行っていくのはお寺です。お寺の責任者であるご住職などから納得のいく説明や、お寺の方針を聞くことをおすすめします。

また、近年ではＮＰＯ法人や老人ホーム主導の永代供養墓も耳にするようになりました。各々の理念や関係性が近い方が集まり、ご供養もされる場合があるようです。寺院や業者主導のものより数は少ないように感じますが、同じように事業の継続性・永続性の担保を確認しながら選んでいくことがよいでしょう。

○自然に還る樹木葬

近年、「樹木葬」を希望する方が増えてきているそうです。樹木葬とは里山や樹木をシンボルにご遺骨を埋め自然に還るというものです。近年では横浜市公営墓地にも採用されるなど、少しずつ普及しはじめ、お寺などでも取り組みをはじめることが増えてきているようです。

私のまわりでもいくつかのお寺が取り組みをスタートし、お寺の世界でも一般的になりつつあるように感じます。松岩寺でも、近年樹木墓

近年希望者の多い樹木葬

所を整備し、以来皆様に申し込みをいただきました。ここで、私なりにですが樹木葬の分類や、選び方について書かせていただきます。

①里山タイプ

里山を育て自然に還るものです。納骨地に樹木を植える場合もあります。

②シンボルツリータイプ

大きな樹木などをシンボルとしそのもとに眠るものです。松岩寺も含め多くの寺院で見かけます。たいていの場合、石板などを設置しお名前やご戒名などを彫ります。

③庭園タイプ

庭園・庭を整備し、骨堂や石板を設置し納骨の場を用意します。主に都市部で多く見かけるタイプです。

なお、分類についてはあくまで私の見解です。寺院・調査機関・業者などにより異なりますので、ご了承ください。

○樹木葬選びのポイント

ここでは私の考える樹木葬選びのポイントについて書かせていただきますが、私の知る限りお寺の樹木葬は永代供養墓を選ぶ際のポイントと重複します。ここでは異なる点のみ書かせていただきます。

①シンボルツリーの腐敗

新しく木を植える場合や、もともとあった木をシンボルツリーにし納骨を行う場合、木が上手く根づかなかったり、木の根元に納骨を行うためにカロート（骨堂）を掘ったのが原因で、木が枯れてしまったりという心配もあります。また、よく樹木葬墓所のシンボルツリーに採用される桜の木（ソメイヨシノ）は寿命が１００年程度という記述を目にしたことがあります。

後々シンボルツリーが枯れたり変わる可能性があるのも注意が必要です。私が以前見かけた樹木葬墓所は比較的小さなスペースに桜の木の苗木が植えてありました。将来木が巨木となった際、ご遺骨や納骨のスペースはどうなるのでしょうか？　おそらく募集を行っていた業者は撤退したあとでしょうが……。

②永代供養墓との違い

永代供養墓がお寺にある場合、内容の差別化が難しくなります。樹木葬を選ばれる方のお話を聞くと、里山のなかで眠りたい、自然に還りたいなどの理由で選ばれるようです。

③樹木や敷地のメンテナンス

樹木葬の場合、定期的に樹木の剪定やメンテナンスが必要になります。先ほど①にも書きましたが、木の侵食や腐敗、樹木の維持管理を考えると今後の不安は残ります。管理体制についてしっかりと管理者に確認することをおすすめします。業者主導の霊園の場合、後々寺院に管理が引き継がれるのでしょうか？　その際の管理体制の確認も必要です。

④自然に還りたいか？　墓石のもとに眠りたいか？

これは大切な視点と私は考えます。近年は自然に還りたいと考える一方で、やはりお墓や永代供養墓のような石のもとに眠りたいという考えもよく伺います。

○永代供養墓、樹木葬選びで最も大切な視点

ここで皆様に永代供養墓、樹木葬選びの極意、私が最も大切と考える点をお伝えします。

それは**「あなたはこの永代供養墓、樹木葬に入りたいか？」です。**迷ったときはここをスタートに考えてみてください。ご住職や業者さんのお人柄、永代供養墓、樹木葬の設計。先のチェックリストを総合的に考えると、おのずと答えはみえてくることでしょう。

遺骨は海に還る。海洋散骨とは？

私は僧侶の資格以外にさまざまな資格を保有してしますが、その一つに海洋散骨アドバイザーが

あります。一般社団法人日本海洋散骨協会が認定する検定試験に合格すると取得できるものです。

ここでは海洋散骨アドバイザーの視点から海洋散骨について私の考えを書かせていただきます（ちなみにこの資格取得にはきっかけがあります。それは私がよく耳にする言葉、「和尚さん、私は将来お墓はいらないんだ。私の骨は海にでも撒いておいて」です。最初はそういうものか？と感じ聞き流していましたが、若い方も含めさまざまな方よりこの言葉を耳にします。それで一度は散骨について学んでみたい、このような思いから海洋散骨アドバイザー資格を取得しました）。

○あなたは本気で散骨を考えていますか？

ここで私から「私の遺骨は海にでも撒いておいて」と考える方に質問です。あなたは本気で散骨を考えていますか？　私がこれまでお会いしたほどんとの方はＮＯでした。言葉の背景は……、家族に迷惑をかけたくない、なるべく手間やお金をかけないで、自身の遺体の処理をしたい、こういった考えを感じました。一方で本気で散骨を考えている方も、もちろんおられます。本気の方もそうでない方も是非あとの文章を読んでください。散骨を考えるなかで大きなヒントとなるはずです。

○海洋散骨は大きく分けて３タイプ

海洋散骨にはさまざまなスタイルがありますが、ここでは代表的な三つを紹介します。

①チャーター散骨

船一隻を借り切る最もポピュラーなスタイルです。陸から離れた海域まで船で移動し、黙祷、散骨、献花などを行います。希望があればお坊さんの読経なども入ることがあります。

②合同散骨

一度に数組の遺族が乗船し、乗り合い散骨を行う方法です。日程は指定されますが、①より安価に散骨を行うことができます。

③代行（委託）散骨

遺族が散骨に立ち会わず、遺骨を業者に預けて、散骨を行います。三つのなかでは一番安価な方法です。他には命日や年回忌などに合わせ船をチャーターしたり、合同で行うメモリアルクルーズなどもあります。

○海洋散骨のポイント

ここで散骨を考える方へ向け私が考えるポイントをいくつかお伝えします。重要な話ですので、是非ご一読ください。

①菩提寺の住職に確認はとれているのか？

お寺のお檀家さんとなっている方は特に大切です。必ず菩提寺に話を通して説明してください。

散骨は近年話題になりメディアなどで注目されていますが、お寺の間ではまだまだ少ないように感じます。以前散骨を開始した葬儀社が、地域のお寺からクレームが入り大変だったという話を耳にしたことがあります。

特に菩提寺がある場合、住職はこれまで故人様を大切にし、ご戒名を授け、お墓が寺院墓地の場合は大切なご先祖様、故人様をお釈迦様の弟子として守ってきました。説明もなしにいきなり「私の骨は海に撒きたい」「先祖のお墓を壊し海に撒きたい」という話をしたら怒り出す和尚様もいるかもしれません。

墓じまいの説明でも述べますが、仮にご先祖様のお墓を墓じまいし、散骨をご希望する場合、墓所の管理を菩提寺が行っていた際は、菩提寺の署名などが改葬の手続きで必要となります。場合によっては大きなトラブルとなることが予想されます。順序立てて一つひとつ説明し、納得いただけるよう努めてください。

②僧侶の法要をお願いするのか？

①にも関係しますが、菩提寺の和尚様が散骨を認めた場合、菩提寺の和尚様に法要をお願いすることになります。

通常、ご供養にはご戒名が必要ですから、菩提寺の和尚様に戒名を授与いただくことになります。その際は、お寺で戒名を授与するのか、和尚様は船に乗り法要を行うのか、葬儀社の会館で法要を行うのかなどの確認も必要です。

船の上で法要を行う場合、お葬式に準じる法要を行うのか、メモリアルクルーズの場合はご法事を行うのかなど確認も必要です。

③手元供養の選択肢も忘れずに

散骨を検討する場合、手元供養も検討することをおすすめします。手元供養とは自宅のお仏壇などに一部のご遺骨を遺し手を合わせる、ペンダントなどにして身につけ故人様を尊ぶというご供養の方法です。特に散骨の場合、手を合わせる対象のご遺骨がなくなります。故人様のご供養のためにもご遺骨の一部を手元に残すことをおすすめします。

④分骨の選択

菩提寺での法要や、手元供養にも関係しますが、合わせておさえておきたいのが分骨です。散骨の場合でも一部のお骨は、先祖代々のお墓に納骨する、永代供養墓・樹木葬墓所に納骨を行うという選択はいかがでしょうか？　仮にご親族や菩提寺が散骨に反対した場合でも、これならば説得する材料になると考えます。

⑤そのまま海や山に撒くのは注意が必要

私がお檀家さんなどから受ける言葉、「私の骨は海にでも撒いておいて」の答えにもなりますが、この言葉を実行するには大きなハードルがあります。そのまま海や山にご遺骨を撒いたら、一歩間違うと大きなトラブルの元となったり、ご遺族に大きな迷惑をかけることがあります。少し説明させていただきます。

まず第一に条例やガイドラインを確認する必要があります。たとえば陸地への散骨について長沼市、岩見沢市、秩父市などは条例を設けています。伊東市や熱海市は海洋散骨についてガイドラインや指針を設けています。

まだまだ自治体で規制をしている地域は少ないですが、必ず市役所などに確認し、ご遺骨への尊厳をもち散骨を実施する必要があります。これは私の考えですが、市役所などに確認すると曖昧な回答もあるかもしれません。

我々僧侶もですが、実際にご遺骨を散骨したいという相談を受けることはほとんどありません。自治体担当者にもよるでしょうが、仮に海や山で形のしっかりと残ったご遺骨を見つけたらどう思うでしょうか？　私でしたら事件性を疑い警察へ通報します。最大限の環境への配慮が必要です。

⑥尊厳のないご遺骨の扱いは死体損壊などになり犯罪となる場合がある

散骨にも関係しますが、以前このようなショッキングなニュースを耳にしたことがあります。一つが石材店経営者の遺骨不法遺棄、もう一つが妻の遺骨をコインロッカーに放置した事件です。

一つ目の事件ですが、石材店経営者の男性がご遺骨をマンションのゴミ置き場に不法投棄して、預かったご遺骨を繰り返し遺棄したというものです。この男性は遺骨不法投棄で逮捕されました。

もう一つが亡くなった奥様のご遺骨が邪魔になり東京駅のコインロッカーに放置し、死体遺棄の疑いで逮捕されたという事件です。いずれも特殊な事件ですが、尊厳のないご遺骨の放置や扱いは犯罪となることがあるので注意が必要です（私としてはあまりにありえない行動で、当時大変ショックを覚えたことを記憶しています）。

⑦農業・漁業・観光業への影響に配慮が必要。私有地への散骨はＮＧ

こちらも重要なポイントです。散骨自体は適法で節度を守って実施することはできますが、場合によっては農業・漁業・観光業の従事者より民事上損害賠償を求められる可能性があります。

私の住む気仙沼市は全国でも有名な漁業の町ですが、ホタテやホヤなどの養殖も行われています。仮に「あそこのホタテやホヤは遺骨を栄養にして育っている」などの噂が立ったらどうなるでしょうか？　場合によって養殖業の方に訴えられることも想定されます。

当然ですが私有地への散骨も許されません。自分の土地の近くで散骨を行うと、地価の評価減にもつながる可能性があります。

⑧ご生前からご家族・ご親族・菩提寺に確認

これまでの内容とも重複しますが、本気で散骨を考えるならご家族・ご親族・菩提寺に必ず生前から相談しておくことをおすすめします。遺されたご家族にしたら「そんなこと聞いてないよ。お墓はどうするの？　お葬式は？」など、わからないことだらけ。海洋散骨は他のご供養の形と比較しまだまだ件数は少ないという話を耳にしました。(私もお檀家さんの散骨はまだ経験したことがありません。多くの葬儀社や僧侶も私と同じく未経験の方が多でしょう)。

もしあなたが本気で散骨を考えるなら、ご家族に迷惑をかけないためにも生前からの準備が大切です。散骨の方法や業者の選定・契約も生前のうちに済ませておくことをおすすめします。

⑨散骨は専門の業者へ依頼するのがおすすめ

ここまでさまざまな散骨のポイントを書かせていただきましたが、いざ散骨を実施する場合は専門の業者に申し込み、実施することをおすすめします。一般社団法人日本海洋散骨協会ではガイドラインを設けています。粉骨(遺骨を砕きパウダー状にする)の義務や散骨場所の選定義務、参列者安全確保義務、散骨の意思確認義務など多岐にわたります。安心できる業者を見つけ、前もって準備をしておくことが散骨を考えるうえで大切であると思います。

遺骨は海に還る海洋散骨

⑩あなたは海が好きですか? 海に何らかの思いはありますか?

ここで海洋散骨を希望される方に質問です。あなたは海が好きですか? 母なる海に対し何らかの思いはありますか? 以前散骨を希望される方の約半数は海が好きという理由であるというアンケート調査を目にした記憶があります。

今から10年ほど前、このような話がありました。私が僧侶になる前で、会社員を辞めて世界一周の船旅をしていた頃の話です。ある海域を通りかかる際に、このような話を伺う機会がありました。「実は私の大切な人が過去の戦争でこの海域で亡くなっています。もし、よかった海域を通る際に供養のお経を唱えてもらえませんか？」

当時私は得度（僧侶の入門の儀式）は済ませていましたが、本格的に仏門に入る前で、他に乗船されていたお坊さんを紹介し、その方がその海域でご供養を行ったとお聞きしました。

海へ何らかの思いがあり心を寄せる場となる、そうであれば海洋散骨は大きな選択肢の一つになると考えます。

お墓の意味とお墓参り、墓地の選び方

そもそもお墓とは何なのでしょうか？　私の考えを書かせていただきます。お墓とはご先祖様や故人様を祀る場で、ご先祖様・ご自身の歩みを考える象徴的な場であると考えます。特に仏教では

仏塔といい、お釈迦様のご遺骨やそれに替わるものを納め、各地に建立されました。

故人様、ご先祖様を祀るお墓ですが、いつお墓参りを行うのが正解でしょうか？　お盆、お彼岸、命日、故郷に帰ってきた時……。すべてが正解です。お墓は今を生きる私たちと故人様をつなぐ大切な場です。いつでもお参りいただいて構いません。結婚、出産、人生の節目……、いつでも時間があればお参りください。

○墓地、ご供養の場

お寺、永代供養墓、樹木葬、海洋散骨などとともにおさえておきたいのが、墓地などのご供養の場選びです。墓地には市町村などが管理する公営墓地、寺院などが管理する「寺院墓地」の他に「民営墓地」などがあります。

それぞれ簡単ですが、特徴を説明したいと思います

①公営墓地

市町村などが管理する公営の墓所です。比較的安価・自治体の管理ということで人気があります。

②寺院墓地

寺院が管理する墓地です。地域に密着、基本的には檀家になる必要があり、万一の際はご供養を決まったお寺に依頼することができます。

③民営墓地
使用料が公営墓地に比べて割高なぶん、宗派・宗教不問が多いようです。

○お寺が管理する寺院墓地

ここではお寺が管理する「寺院墓地」を中心に説明させていただきます。寺院墓地の一番のメリットはお寺に「お葬式、先祖供養をお願いすることができる。亡くなってからご供養の場を探す必要がない」ということです。

ほとんどのお寺には数百年の歴史があり、代々ご先祖様のご供養を行っています。万が一急なご不幸があってもすぐに、お葬式、その後のご供養をお願いすることができます。まだお墓がない場合はご遺骨の一時預かりをお願いすることもできます。

私もこれまで多くのご供養を行ってきましたが、大切な人が亡くなった直後では冷静な判断ができません。市役所への届出、斎場の予約、火葬の手配など、大切な人を失った悲しみに加え、お葬式の準備を行う必要があります。できれば生前のうちに安住の地である墓地、信頼できるお寺を見つけておくことをおすすめします。

○寺院墓地の注意点

墓地を運営する立場から、いくつか気をつけたほうがよいポイントをお伝えします。

お寺のなかには墓地の規則のない寺院、あっても形だけのお寺があります。私も研修などで話を聞くと驚かされますが、口だけの約束などは後々トラブルになることもあります。住職のお人柄がよくても、代替わりや、お寺の総代さんが変わると状況が変わる場合があります。もし親しいご住職なら、墓地の申し込みを行う際に規約の話をします。規約がない場合は、住職や世話役の総代さんに、規約をつくるようお話をされてはどうでしょうか？

次に、永代使用料です。墓地の契約を行う際永代使用料というものをお寺に収めます。これは永代にわたってあなたのご家族が墓地の区画を使っていいという権利です。この永代使用料ですが、お寺によってまちまちです。立地などにもよって違いますが、寺院墓地の場合、一番の理由は「お寺の考え」です。私が知っている地域では、同じ市内でも、一番安価な所で10万円、一番高額な所では150万円と本当にお寺の考えによってバラバラでした。地域によっては、近くのお寺、ご親族などの縁故でお寺を紹介される場合がありますが、お寺・ご住職によって考え方も違うので、よくよく話を聞き自分の条件にあったお寺を見つけることをおすすめします。

ただ、金額だけではありません。ご住職の人間性やご供養の内容、何よりもこの人、このお寺にご供養をお願いしたいというお寺を見つけることが大切だと思います。

○よく聞く墓地のトラブルや疑問

①永代使用料の返却について

契約者が墓地が不要になった場合でも、原則契約者に返金されることはありません。あくまで「永代にわたって墓地の区画を使ってもよい権利」ですので、不要になった場合でも返金はされません。ただ、お寺の管理規約によっては、別途定めがある場合もありますので、管理者のお寺に確認した方がよいでしょう。

②宗教・宗派の違うご家族の納骨

お寺にもよりますが、断られる場合もあります。場合によっては再度納骨を行うお寺で、戒名を授け納骨を行う場合や、お布施・志納金が必要となる場合があります。墓地の使用規則も確認し、まずは墓地の責任者であるご住職に相談してください。

③墓守・後継者の確認

近年は少子高齢化が進み、墓守のいないお墓もこれから多数現れることでしょう。お寺によっては跡とりのいない方は墓地の永代契約ができなくなる場合があります。

④生前墓について

こちらもお檀家さんはじめ、たまに質問を受けますが仏教的にはご生前にお墓を建てることはよいことです。お墓はあくまでご先祖様を祀る場であり、世の中にご先祖様がいない方はいません。

私たちのいのちは子から孫、曾孫と代々続くいのちのリレーのなかにあります。お墓とはかけがえのない多くのご先祖様と今を生きる私たちとのご縁をつなぐ場ですので、本来はご生前のうちにお墓を建立しお墓参りを行うことが、仏教徒としての在り方です。しかしながら、お墓の建立には大きな費用がかかります。ご自身やご家族の考えを確認しながら無理のない形でお墓を建立することが望ましいでしょう。

⑤離檀料について

近年、マスコミでも話題になりましたが離檀料（檀家を抜ける際のお寺へのお布施）という言葉があります。私のまわりではそこまで聞かないですが、檀家をやめ墓地をお寺に返す際のお布施の話です。ほとんどのお寺では離檀料というものはないでしょうが、檀家を抜ける際は適切な対応が必要と考えます。

しっかりと時間をとり、ご住職と直接話をします（その際は時間をとっていただいたこと、これまでお世話になった感謝の思いなどもお伝えください）。ご自身の事情を説明し納得をしてもらうことが大切です。

前述しましたが私の知る限り離檀料はほとんどのお寺では聞きません。ですが、これまで永代契約をしていた墓地は更地にしてお寺に返す必要があります。

○離檀料を請求されたら？

そうそうないとは思いますが、万一離檀料を請求され、それが納得できない場合、いくつか私の思いつく対応策を書かせていただきます。

①檀家総代などお寺に近い方に相談

お寺の世話をされている総代などが知り合いやご親族にいればご相談ください。何らかのアドバイスをもらえる可能性があります。

②墓地の使用規則、護持会会則などを確認

請求にどんな根拠があるのかご確認ください（離檀料の規定があるお寺の会則はほとんどはないかと思いますが……）。

③市役所などに相談

お墓の引っ越しや墓じまいをする場合は火葬や墓地の管理を担当するその地域の自治体の窓口にご相談ください。場合によっては自治体の担当者から、墓所を管理する住職に連絡がいき、進展を見込むことができるかもしれません。

④弁護士などの法律家に相談

最終手段ですが、弁護士や行政書士などの法律家に相談するというのも一つの方法です。しかし、注意が必要な点があります。それは法律家だからといって、寺院の実務に詳しいわけではないことです。私もこれまで何人か弁護士や行政書士の話を聞いたことがありますが、人によって経験値の差が大きいと感じました。

ある勉強会に参加した際の話です。どうやら実務経験がほとんどない方が講師で、墓地や宗教法人の判例を延々と話していましたが、基本的なことをまったく知らず、結果、嘘ばかり話していました。お寺ですと宗教法人法や墓地埋葬などに関する法律が関係してきますが、あまりに酷く私はその勉強会を途中退出しました。墓地や宗教は特殊な部分が多く、実務ができる弁護士や行政書士は少ないかもしれません。もし、離檀料の相談を行うのであれば、業界紙などでコメントをしているような、実務経験のある方を見つけることをおすすめします。

○良い石材店の選び方

墓地・お墓と合わせて考えたいのが石材店の選び方です。私もお墓ディレクター2級という一般社団法人日本石材産業協会が認定する資格を保有していますが、お寺の立場からみても、石材店の対応は千差万別です。

なかにはとんでもない提案、主張をし、場合によっては数百万円の不要な大金がかかることがあります。技量や仕事の質、アフターフォローに大きな差があります。立場上書きにくい点もありますが、重ねて申し上げます。お墓は今を生きる私たちとご先祖様をつなぐ大切な場所です。くれぐれも慎重に良い石材店を選ぶことをおすすめします。

◯良い石材店、悪い石材店の見分け方

ここで、私が考える良い石材店、悪い石材店の見分け方をお話ししたいと思います。

①お寺に聞いてみる

多くのお寺は墓地の管理者となっており、お墓の建立の許可など、墓地管理者の立場から数多くの石材店と交流があります。お寺には多くの情報が集まるのでお寺に聞いてみるのがよいかもしれません。ただ、お寺によっては墓地に入る石材店を指定している所や、石材店に造成の協力をしてもらっている所もあります。参考意見の一つとして聞くのがよいでしょう。

②縁故だけで決めない

特に地方に多いのですが、昔からの付き合いや紹介だけで石材店を決める方がいます。私はあまりおすすめしません。これはお坊さん側の立場での話ですが、特に地方のお寺の話を聞いていると、お寺に無断で出入りし、勝手に墓地の改造工事を行う、魂抜きの前のお地蔵様をお寺に確認せずに撤去する、敷地のなかに墓石やコンクリートを無断で捨てていくなど、私の常識では到底考えらない迷惑行為をはたらく石材店があります。

私も墓地の造成工事・開眼法要（墓石への魂入れ）などでお檀家さんから石材店へのクレームを

聞くことがあります。墓地内で迷惑工事を行っている、土台工事が手抜きでなかがスカスカ、所々つなぎ目に穴があったり、基礎工事がいい加減で土台からつくり直したり、そもそも施主様との工事の約束を忘れているなど……。

我々お寺もですが、地域に密着した仕事をしているため良くも悪くも人間関係ができているので、他とサービスが比較されにくい状況があります。人間関係ができているなかで、お客様の立場となり仕事をしてくれる方がほとんどですが、なかには苦労しないでも仕事がくる状況に慣れ、いい加減な仕事をする石材店もあります。縁故は大切ですが、それに見合うサービスや価値を提供してくれる石材店を探すべきでしょう。

万一、ご親族などの紹介がある場合も、慎重になって即断即決で決めないことです。あくまで見積もりまでで、お願いする場合は声をこちらからかけることにするなど一定の線引きをすることがおすすめです。

③インターネット経由でお墓とは？　建立は安くなるか？

縁故で決めるのと対照的な方法ですが、インターネット経由で主に格安などを売りにした業者に申し込み、建立を行うという方法もあります。はたしてこれで安くなるのでしょうか？　私も後学のため何度か資料を取り寄せ熟読しました。地元の石材店とも読みあいながら相談しましたが、結果はほとんど安くなりませんでした。理由は以下の通りです。

まず、地元の墓所の規定と大きさが合いません。特に安価なラインナップのものは墓地の面積も小さく、私の地元で採用されている多くのお墓とは面積と大きさが異なりました。参考のため地元の墓地の区画の大きさで見積もりをお願いしたのですが、かえって高額になったと記憶しています。

インターネット経由の場合、施主する石材店は提携している近所の業者となることが多いようです（代理店契約のような形かと思います）。仲介料や広告費などの費用などを考えると、そこまで安くならないことが多いように感じます。

私も何度か仕事や私生活で、インターネット経由で見積もりを頼んだことがありますが、エアコンやアスファルト舗装など、マンパワーが必要なものはかえって地元の業者にお願いする方が安価で、誠実な仕事をする方が多かったです。

そして一定レベルの品質が担保されているかどうかです。施工数・事業規模は個人店より大きく、安心感はあるように感じます。

④思考をやめない

多くのお檀家さんと話していて感じることですが、お墓や墓地の話は普段の日常生活で馴染みがなく、完全に思考が止まっている方もいます。全部わからないから親類のおじさんがすすめてくれた石材店にお任せというのはおすすめできません。また、お墓の修繕工事なども同様です。私も多くの石材店と話す機会がありますが、修繕の方法は石材店によってまちまちです。なかには私からみて明らかに不要な工事に思えるものもあります。複数の石材店の話を聞く、インターネットで資料を取り寄せ比較する、わからないことはどんどん質問するなど、考えることをやめずに自分なりの答えを出すことをおすすめします。

お墓はご先祖様の家です。私たちが新居を購入するイメージで相談するのがよいでしょう。

⑤一番大切なのは人柄や誠実性

石の違いや仕事は素人からみたらまったくわかりません。これは他の仕事でも同じですが、一番大切なのはその人の人間性と誠実さです。他社の提案と比較し、各石材店に相談します。そして、一番誠実に対応してもらえる石材店を選ぶのがよいでしょう。

私も立場上、さまざまな石材店と話をする機会がありますが、地域密着で長年務め、常にお客様の立場、管理者であるお寺の立場を考える石材店も多く、大変助けられています（私の経験上、地域密着の石材店には誠実な方が多くいます。ここまで対応していただいて申し訳ないと、かえって石材店の利益が心配になることもあります）。以上、簡単でしたが、良い石材店と悪い石材店の見分け方を私なりの視点から書かせていただきました。世の中には数多くの石材店がありますので、自ら話を聞き一番お客様の立場になり対応してもらえそうな石材店を選ぶのがよいでしょう。

○お墓リフォームの注意点

石材店の選び方と合わせ、参考までに私が感じたお墓リフォームでの注意点を書かせていただきます。近年は新規の施工と合わせ、お墓のリフォームの相談も多くなってきました。リフォームの方法も千差万別ですが、なかには思った以上に高額となる場合があります。あくまで私の経験です。実際の施工は、専門家である石材店にご確認ください（こんなことを言っているお坊さんがいたけど、実際はどうなの？　という聞き方を石材店にするのもよいと思います。おそらく何らかの答えが返ってくると思います）。

石材店：「このリフォームを行うと納骨が楽になりますよ」

冷静に考えてください。お墓の納骨は人生で何回ありますか？　通常は多くても2～3回です。納骨の手伝いは石材店にお願いすれば、いくらかのお礼（高くとも数万円くらいでしょう）で納骨をお願いすることもできます。

石材店：「骨堂に水がたまるのでリフォームが必要。すべて解体して大規模に行うため、多くの費用がかかりますよ」

構造上、昔のお墓ではよく聞く話です。石材店の考えにもよりますが、水を吸収する砂を敷くという方法もあります。状況にもよりますが、費用は砂の代金と人件費で通常数万円ほどです。石材店に提案し専門家としての意見をもらってみてはどうでしょうか？

施主：「お墓に草が生えるので何とかしたいのです」

石貼りにする、防草シートを敷く、コンクリートで基礎からつくり直す、砂利を厚く敷くなどさまざまは方法が推測されます。手段は一つではないので多角的に検証することをおすすめします。

○後継者がいなくなった場合

近年特に地方のお寺で多いのが、お墓の後継者がいなくなる問題です。一昔前は墓地は代々続いていく前提で家々で墓地の永代契約やお墓の購入を行っていましたが、現在は核家族化や未婚化、晩婚化が進み生涯シングルの人も増えているそうです。松岩寺がお葬式を行った家でも、後継者がいなくなった家、墓守がいなくなった家がいくつかありました。

さて、墓守も後継者もいなくなったお墓はどうなるのでしょうか？

①放置される

意外と多いかもしれません。近年はお葬式が終わりそのままにされるパターンも多くみられます。こういったお墓は「無縁墓」となり、墓地の管理料も入らず困っているお寺も多いかもしれません。

②ご親族や縁者が墓守となる

この場合はお参りにこられる方もいて、面倒をみている方がいる間はよいかと思いますが、代替わりになった時などは注意が必要かもしれません。

③お寺が管理を行う

これは知り合いのお坊さんから聞いた話ですが、墓地の使用料・年間の管理料とは別に供養料などを納めると、墓地の管理をしたり、読経しご先祖様のご供養を行う場合があるそうです。

④墓地の改葬・撤去が行われる

墓地埋葬などに関する法律が改正され、墓地管理者は一定の要件を満たせば管轄の市区町村許可のもと約1年程度で墓地を更地にすることができるようになりました。

○近年話題の墓じまい

先ほどの話とも共通しますが、お墓の後継者がいなくなった場合、メディアの報道もあり、墓じまいを選択する方も増えてきたように感じます。ここで墓じまいの流れについて説明させていただきます。

①まずは所縁のある方に相談

ご親族など縁がある方がいる場合、まずはしっかりと相談することが大切です。特に相談なく墓じまいを進めた場合、後々の親族間のトラブルにつながります。現状を説明し、お墓・ご先祖様の行く先を検討することをおすすめします。

②管理者（寺院など）に相談

墓じまいを考えた際にご家族・ご親族の次に相談するのが、墓地の管理者（寺院など）です。相談の内容はケースバイケースですが、現在お墓の後継者がいなくなった旨を伝え、管理者より市役所などに提出する改葬届に一筆をもらいます。

③石材店などに相談

墓じまいに必要な見積もりや方法を石材店と相談します。墓地の撤去費用ですが、石材店への聞き込み、経済誌などの特集を読むと30万〜50万円程度の金額がかかるようです。特に高台で重機が入りにくいエリアや墓石の使用量が多く墓地の区画が広いエリアなどは高額な場合が多く、反面、小さい区画、地面が土で解体に手間がかからない墓所は安価となることが多いようです。

④遺骨の引っ越し先を選ぶ

管理者や石材店への相談と同時進行になりますが、今あるご遺骨の引っ越し先を選定します。お墓の後継者がいないといっても墓じまいの理由はさまざまです。遠方のご家族が新たにお墓を求める場合や、永代供養墓や樹木葬に納骨する場合など、ご遺骨の引っ越し先を考える必要があります。

墓地を改葬し、新たなお墓を購入する場合、膨大な費用がかかります。特に移転先での新たな墓石の購入費、墓地の取得費、墓地の改葬工事、寺院へのお布施などを含めると、大きな金額となる場合もあるようです。

⑤市役所などに相談

墓地管理者より一筆をもらった書類を持参し、市役所など墓所の管理を行う自治体などで墓地改葬許可の手続きを行います。

⑥寺院とも相談し魂抜きの法要を行う

改葬の目途が立ち、市役所などから改葬許可証が到着したら、お寺などに相談し、魂抜きの法要を行います。お供えする仏花、供物、線香、お気持ちのお布施（お寺にもよりますが数万円程度）を用意し日時を決め法要を行います。

⑦ご遺骨の引っ越し、墓所の解体

魂抜きを終えたら墓石はただの石にもどります。石材店に連絡し、ご遺骨を引っ越し先に運び出し、墓石の解体を進めます。

⑧墓地を更地に

最後に墓地が更地になったことを管理者立ち合いで確認し、手続き完了です。

お墓の引っ越しに伴い離檀（檀家をぬける）を希望する場合は、前述の離檀の話もご参照ください（重ねて申し上げますが、私の知る限りほとんどのお寺では離檀料はないでしょう）。

◯まだあるご供養の場と方法

お墓以外に、永代供養塔、樹木葬、海洋散骨などの話も書かせていただきましたが、近年は樹木葬と永代供養墓が複合されたもの、使用期間が決まっている墓石のレンタルや、ご遺骨をダイヤモンドに加工し宝飾品にするサービス、宇宙葬など新しいご供養の場や方法がいろいろと誕生しているようです。

○東の全骨、西の一部納骨

お墓とともに知っておきたいのが、東西のご遺骨に関する文化の違いです。私も先輩方に聞きはじめて知ったのですが、ご遺骨の考え方は西と東ではまるで違うようです。

一般的に関東や東北、北海道などの東日本は故人様のご遺骨を大切にします。火葬場で焼かれたご遺骨は先祖代々のお墓や、永代供養墓などにすべて納骨されます。

ご遺骨は亡きご家族の一部として大切にされます。

一方、関西などの西日本では少し状況が違うようです。地域にもよるでしょうが、ご遺骨としてお墓に納骨されるのは、のどぼとけなどの一部のご遺骨で、他のご遺骨は各宗派の本山などに納骨されます。なかには火葬場でいらないといい、置いていく方もいるそうです。東北人の私からしたら、驚きが前に出て何も言えなってしまいます。おそらく文化の違いでしょう。

○西の一部納骨の文化は東に広がるか？

現在は情報化社会です。他の地域の文化はあっという間に、テレビやインターネットで広がり情報が共有されます。東京でブームになったことは、早いものは数日で全国に広がり、世の人たちに拡散されていきます。

数年前まではあまり知られていなかった樹木葬や永代供養墓、海洋散骨も、今では知名度が増し、テレビをつけると終活特集などが組まれ、一般の人の認知度も広がってきています。近年では僧侶派遣業などのサービスも盛んになり、宗教界でも大きな変化の波が起きていますが、この西の一部納骨の文化は東に広がっていくのでしょうか？

私はこの質問を勉強会仲間の僧侶、僧侶派遣業の方など何人かにしたのですが、答えはすべてＮＯでした。僧侶派遣業や、家族葬などの小さなお葬式は増えているのですが、西日本の一部納骨の文化が東日本に広がる様子はまったくなく、逆に東日本の全骨文化が西日本に広がる様子も今のところまったくないそうです。

理由は私にもわからないのですが、東北で多くのお葬式を行っている僧侶の立場からすると、ご遺骨はご遺族にとって、故人様の一部であって故人様そのものである、故人様の一部（人によっては故人様そのもの）であるご遺骨は当然大切なものである、という意識がずっと染みついているからだと思います。

僧侶、葬儀社もインターネットで手配？

近年はインターネットで僧侶を派遣したり、葬儀社を手配するサービスが一般化してきたように感じます。また、まだまだ少数ですが、お寺単位、地域の宗派単位で僧侶の紹介に取り組む話を耳にするようになりました。ここではお寺、宗派で取り組む僧侶紹介、派遣ではなく、民間企業の取り組みについて書かせていただきます。

ご法事やお葬式にかかるお布施やサービスは定額化され（別途費用がかかる場合もあるようですが……）、これまでお寺や葬儀社とお付き合いのなかった方にとっては便利な反面、僧侶の立場、葬儀社の立場からみると疑問に感じる部分がいくつかあります。僧侶派遣サービス、紹介サイトからの葬儀社の手配について、私が考えるメリット、デメリットについて書かせていただきます。

○まずメリット

①サービスの決まった価格

一番のメリットは価格が決まっていることではないでしょうか？　一般の方は価格がわからない

と不安を感じるようです。

前述しましたが、お布施は本来お気持ちですが、一般の方にとってはサービスの対価であり、ある程度価格性があるということを聞くことがあります。一方、我々僧侶の立場からしても、本堂などの伽藍の維持、後継者の育成など社会生活を行っていくなかでは、ある程度のお布施をお願いしなければならないということもあります。

僧侶派遣サービスは価格が決まっているので、「いくらお布施を包めばよいのか？」「少なかったら失礼にあたるのでは？」「お坊さんにお布施を返されるのでは？」という心配がなくなります。また、お寺とお檀家さんの関係もないので本堂の建て替えなどの寄付が必要となることもありません。

②しがらみのない関係でサービスを利用できる

僧侶派遣サービスを展開する会社の話を聞くと、事業のメインは東京や大阪などの都市部が中心のようです。

人口が多いこともあるでしょうが、一番の理由は地方と違い菩提寺が決まっていない家が多いということでしょう。地方の場合は代々その土地に住んでいたり、本家と分家の関係があり菩提寺が決まっていますが、都市部の場合、転勤や移住できた方も多く、その土地にもともと所縁のなかった方もたくさんいます。

そういった方の場合、親類やまわりに気を遣う必要がなく、自由にご供養の場やお寺を決めることができます。仏事はお寺との付き合い方がわからない方には特別な世界です。決まった時期のお参り、ご供養の作法、お布施の考え方など、お坊さんによっても違っていたりします。利用者はお坊さん派遣業を使うことでこういった気遣いをする必要がなくなります。

現在は働き方、仕事の形式、思想や考え方なども多種多様です。一昔前までは護送船団方式、終身雇用、定期昇給で守られていた日本企業も、現在ではグローバル化の名のもとに、実力主義の会社などが増え、世界を相手に形を変えようとしています。

ご家族の形式も、一昔前の大家族、核家族だけでなく、ご夫妻のみやお一人様の世帯などさまざまです。我々お寺やエンディング業界をみても、これまで家族単位のお墓であったものが、今では永代供養墓や樹木葬、海洋散骨など新しいご供養の形式が一般化しつつあります。

結婚して子供がいるのが当たり前、両親と同居するのが当たり前、一軒家をもち住宅ローンを払っていくのが当たり前。従来当たり前といわれていた価値観は、今では完全に崩壊しているといえるのではないでしょうか。

そういった世の中の変化をみていても、余計な気遣いをせずご供養を依頼できる、僧侶派遣サービスはある種世の中のニーズに合ったサービスとして認識されてきたのかもしれません。

③今まで以上に多くの方に布教を行うきっかけを得ることができる

これはお坊さん側のメリットですが、今まで地域の方、近隣の方にしかできなかった布教のチャンスが広がり、より多くの方に布教するチャンスを得ることができます。

我々僧侶の役目として大切なことは、お釈迦様の教えのもと、衆生の皆様に寄り添う布教を行うことであると私は考えます。そういった意味でもお坊さん派遣業は布教の窓口を広める効果はあるのではないかと考えます。

④敷居が高いと思われがちなお寺、お坊さんに間接的にご供養を依頼できる

一般の方にとって我々僧侶は敷居が高いと思われがちのようです。僧侶派遣サービスを利用することによって、気軽にお坊さんにご供養を依頼することができるのではないでしょうか？

〇次にデメリット

①人生に一度のお葬式でどんなお坊さんがくるかわからない

お葬式・ご法事は、今を生きる方と故人様、ご先祖様をつなぐ皆様の大切な追善供養の場です。今まで信頼関係のないお坊さんにお願いするということは、人生の大切な節目のご供養に対して一種のギャンブルのように感じます。本来は菩提寺をもち信頼関係をつくり行うべきでしょう。

信頼関係のあるお坊さん、ご生前から親しくしていたお坊さんがご供養を行うなら、法話やお勤めもより故人様に寄り添ったものとなり、ご遺族のご法事に関する考え方も変わってくるでしょう。

②お布施はお気持ちでよい。仲介料が必要なく直接お布施を届けることができる

本来お布施はお気持ちで、価格性のあるものではありません。ご先祖様を守る菩提寺への思いがあれば目安にとらわれるものではなく、3万円でも10万円でも100万円でも構いません。

経済的に苦しいのであれば、無理のない範囲で気持ちよくお納めいただければ構いません。お寺とも相談し、お気持ちをお納めいただければよいでしょう。仲介する業者に払う手数料も必要なく（この金額は決して小さくありません）、お渡しするお布施は直接お寺のご本尊様にお届けすることができます。

③条件や時間にとらわれずご供養を依頼することができる

僧侶派遣サービスにお葬式やご法事などのご供養を依頼すると、時間や条件に制約が入り、その範囲でしか、ご供養を依頼することができない場合があるようです。

私がお会いしたお坊さんの話では、「お葬式の時間が決まっていて、法話する時間がなかった」「お経を短くして」などと言われ困ったことがあったそうです。お寺に直接依頼する場合はそういった心配は基本的にありませんので、お坊さんと相談して安心してご供養を行うことができます。

◇　◆　◇

以上、私の感じた僧侶派遣サービスのメリット、デメリットを書かせていただきました。私自身僧侶派遣サービスが良いものか悪いものかはわかりません。ただ、お葬式やご法事は人生で最も大切な節目の儀式です。ご家族、ご親族、法要に参列される皆様が、安心して手を合わせ心を込めご供養できる場を選ぶことが、故人様に対しての一番のご供養であり、功徳であると考えます。是非残されたご家族、ご親族、ご友人、故人様にとってあなたができる最善のご供養を行ってください。

◯僧侶派遣サービスはどこまで広がるか？

この僧侶派遣サービスですが、これからさらに地方にも広がっていくでしょうか？

実際に僧侶派遣サービスを行っている会社の方や僧侶に話を聞いたのですが、サービスの広がりはまだまだ先、もしくはすでに飽和状態と感じます。おそらく、政令指定都市や県庁所在地のような都市部、人の動きが流動的な地域は徐々に件数が増加していくでしょう。新たに土地の区画整理事業で誕生した町や都市部では、これからも件数を伸ばし拡大していくでしょう。一方で人口数万〜十数万以下の中小規模の市町村で、人の往来のないエリアでは今後の急激な伸びは期待できないでしょう。ただ近年では競合他社も増え、サービスや価格競争の激化や、コロナ禍でお葬式・ご法事の依頼が減ったという話を耳にしました。

また、近隣の葬儀社の話ですと、気仙沼市で亡くなる方のうち約９割以上の方は、菩提寺や宗教が決まっているそうです。こういった地域には、僧侶派遣サービス業は進出しにくいようです。

僧侶派遣サービス業にとって、もともとの人口のパイが少ないうえに、近隣で協力してくれるお寺もありません。なかには僧侶派遣サービスを行っている会社と提携している葬儀社もありますが、話を聞くと利用する方は都市部で仕事をしているお子さんで、お葬式のために気仙沼に帰り、インターネットで価格などを調べて申し込むといいます。田舎ではまだまだ少ないです。

また、地方の場合、都市部に住んでいる喪主様が菩提寺があることを知らず、僧侶派遣サービスを申し込み、菩提寺のご住職とトラブルになるケースもあるようです。現在はインターネット社会で、スマートフォンやパソコンで調べれば何でも手配できる時代となりましたが、地方のお葬式の場合、あまりあてはまりません。

特に地元に両親を残し都市部で働いている場合、喪主であるお子さんのできることは限られています。多くの場合、地元にいる親類などが手続きを行います。両親の地元の人間関係や、お付き合いがわからない喪主様ができることは限られています。

○葬儀社をインターネットの仲介業者経由で選ぶ場合

近年ではインターネット上の仲介業者のサイト経由で葬儀社を探すという方法もあります。僧侶派遣サービスと合わせて、少しですが葬儀社をインターネットの仲介業者経由で探す場合について、私なりに感じたメリット、デメリットなどを書かせていただきます。

メリットは価格、サービスの均一化です。

普段、葬儀社との交流のない方にとって、葬儀社を探すことは困難です。仲介業者を利用することで、お住まいのエリアに近い業者や、わかりやすい価格、サービスが書かれていることは魅力ではないでしょうか。合わせて仲介業者でしたら、一定のサービスの品質も担保されていることでしょう。ゼロから探すには一つの方法かもしれません。

デメリットは地方ではあまり意味をなさないことです。

これもお住まいの地域によるでしょうが、葬儀業界は非常に地域性が強いと感じています。地場の葬儀社があり、コンビニやスーパーのような規模で全国展開する葬儀社は少ないようです。

以前ある地方の葬儀社よりこのような話を聞きました。その葬儀社は地場では大手で一応仲介業者への登録を行っているのですが、ほとんど仕事はありません。むしろ、自社のページと間違い、地域の方が仲介業者のページにいくことがあり困っているという話を耳にしました。登録の理由を聞くと実家に住んでいる親にご不幸があり、地元の葬儀社に縁がない場合、喪主様が検索していきつくためということでした。

仲介業者のへ手数料も必要です。これも僧侶派遣サービスと同じですが、仲介業者経由で葬儀社に依頼がきた場合、仲介業者に手数料を支払うことになります。葬儀社の利益減少につながり、地方の場合（特に地域で知名度、集客力のある地場の大手葬儀社は）、率先して仲介業者を利用しない場合もあるという話を耳にしました。お客様の立場としても、私の聞いた限りではインターネットの格安仲介義業者を利用するよりも安価になることが多いようでした（仲介業者に支払う仲介料がないので当たり前かもしれません）。

以前ある勉強会に参加した際の話です。私はこのような質問をしました。「現在、葬儀社の仲介サイトをよく目にしますが、葬儀社のメリットは少ない気がします。お客様の単価も低く薄利多売という印象を受けます。先生はどう思いますか？」先生はこのように答えました。「特に自社で会館を整備し設備投資をしている葬儀社の場合、施設の稼働率が重要です。本業の空き時間に、稼働率を上げるような意識で行うにはよいのではないでしょうか」

家族の一員、ペットのご供養

近年、お坊さんの勉強会やお檀家さんとの話のなかで、犬や猫に対してもご家族の一員としてご供養を行いたいという声を多く聞くようになりました。本書でも少しペットのご供養について触れさせていただきます。

〇地方のお寺はまだまだ？　寺院が行う動物供養の今

私も地元に戻り動物供養の話を聞くことがあるのですが、気仙沼市内でペットのご供養を行っているお寺はまだまだ少ないようです。松岩寺では２０１３年から本格的に犬や猫、動物のお葬式を行うようになったのですが、ペットのお葬式を執り行う立場から、皆様がお寺に大切なご家族の一員を送る際の注意点や感じたことを書かせていただきます。

〇ペット供養の注意点

①菩提寺や最寄りのお寺がペットのご供養を行っているか？

私の知る限り、地方のお寺の多くではまだ本格的にペットのご供養を行っていないように感じます。松岩寺も動物供養塔を建立する前は、ご法事や、お檀家さんにお願いされた場合に故人様のご法事と一緒に行う形でご供養を行っていました。本格的に、犬や猫のお葬式に取り組むようになったのは、動物供養塔を建立してからです。最寄りのお寺や菩提寺がペットのご供養を行っていない場合は、別にご供養を行う所を探す必要があります。

②火葬場や納骨できる供養塔があるか？

お寺や霊園によっては、動物専用の火葬場がある所もあります。火葬場がない場合は、別途火葬してもらえる場を探す必要があります。気仙沼市では市が管理するごみ焼却場に、ペットの火葬場が常設されているので、多くの皆様はこちらを利用しているようです。
③動物の供養塔
お寺によっては、山内に専用の納骨堂や動物供養塔があり、納骨できる場合があります。特に、菩提寺がありご先祖様のお墓が一緒にある場合は、ご先祖様、菩提寺のお墓参りが同時にできるのでお参りにも便利です。

動物供養塔にもさまざまなデザインや種類があります。名前を彫ることができる供養碑があったり、なかには生前の写真を墓石に写し取ることができるものもあります。予算や内容に合わせて選ぶのがよいでしょう。お寺や霊園によっては、先祖代々のお墓の敷地にペットを納骨できる霊園もあるようなので、その場合はご先祖様と一緒に手を合わせることができます。
④ペットのお墓、永代供養墓、樹木葬
霊園や寺院によっては、人と同じような個別のお墓があるところもあります。近年ではペットと入れる永代供養墓や樹木葬墓所もあります。こちらも予算やご供養の内容により選択肢として考えてもよいかもしれません。
⑤供養の内容を確認する
ご供養の内容はお寺によって異なるようです。合同供養を行うお寺、個別にお葬式を行ったりと、ケースによって違うようです。

⑥お布施の確認も忘れずに

お葬式・ご法事の説明などでも書かせていただきましたが、ペット供養のお布施もお寺によってバラバラです。事前に金額は決まっているか、どのくらいの金額で考えているかなど、お寺に確認、お伝えするとよいでしょう。

◇　◆　◇

以上、簡単でしたがペット供養をお寺にお願いする場合の注意点を書かせていただきました。特に地方の場合、ペット供養に本格的に取り組んでいるお寺がまだまだ少ないので、将来、大切なご家族の一員が亡くなった場合、前述のような点に注意をしていただけたら、よりよいご供養の場に出会えるのではないでしょうか？

○私が感動した動物のお葬式

松岩寺が動物のお葬式を行うようになり、これまで数十体の動物たちのご供養を行ってきました。そのなかであった気づきや出会い、飼い主様の思い、私が感じたペットのお葬式の大事さを少し書かせていただきます。

ご供養を行う人のほとんどが涙を流します。これは一番私が驚いた点です。お葬式の相談にきた方のほとんどが、大切なご家族の一員のために涙を流すのです。

私もこれまで、多くの人のお葬式に立ち会ってきましたが、故人様のお葬式と比べても動物のお葬式の際に涙を流す人が圧倒的に多いのです。

人の場合は急な場合などを除くと、ご家族や大切な人と会話をし、別れを惜しみ最後の言葉を交わすことができます。もし言葉が話せない場合でも、遺言書や手紙などで思いを伝えることができます。しかし、動物の場合それができません。普段自分に寄り添うご家族の一員。辛かった時、嬉しかった時、どんな時も一緒にいたご家族の一員が徐々に弱って亡くなる姿を見るのは、飼い主様にとって耐え難い悲しみでしょう。

残されたご家族のお話を聞くところからがお葬式です。

松岩寺でペットのお葬式を行う場合は、まずご家族との打ち合わせを行います。亡くなったペットの名前、種類、飼い主様の思い出に残ったエピソード、ご供養の内容、お葬式の際のお別れの言葉をお聞きし、思い出の品を準備しいただきます。なかには打ち合わせの時に泣き出す方もいます。

お葬式はお寺の本堂でご本尊様が見守るなかで行います。本堂の正面にご遺骨とご生前の写真、好物だったもの、思い出の品、お花などをお供えします。鐘の音とともに法要が開始され、引導法語が私より読み込まれます。法語が終わると次は飼い主様によるお別れの言葉です。

松岩寺でお葬式を行う場合は、原則飼い主様にお別れの言葉を用意してもらいます。これには大切なご家族の一員へのこれまでの感謝の思いと、これから飼い主様が前を向いて亡くなったペットの分まで、しっかりとご自身の人生を歩んでほしいという二つの意味があります。

私の知人で、動物病院で働いている方がいました。本当に動物が好きで、心の優しい方です。その方には一頭の犬のパートナーがいます。大きさは70㎝もないくらいの小型犬で学生の頃からずっと一緒でした。その方が辛い時、悲しい時、どんな時でも一緒にいる弟のような存在です。

そんな弟のような存在に、ある日病魔が訪れました。末期のガンです。その方はいのちを救おうと、何度も手術を行い治療をしています。あるときはボーナスがすべて治療費、手術費に消えることもありました。それでも大事なご家族の一員です。時には一頭だけで部屋のなかにいる姿を心配し、仕事が手につかない日もあったようです。大切なパートナーのためにできることをその方なりに精一杯行っているのでしょう。

私は引導法語のなかでよく「人畜同根幹のいのち」という言葉を読みます。人のいのちも動物のいのちも同じ大切ないのちです。私も僧侶として、ご家族の一員のために精一杯のお葬式をさせていただきます。

松岩寺のペットのお葬式では引導法語とお別れの言葉がお葬式の中心となります。なかでもお別れの言葉は大事です。私も多くの方のお別れの言葉を聞きましたが、このなかでは主に二つのことが、飼い主様より語られます。一つが「感謝」でもう一つが「後悔」です。

亡くなったペットとの出会いと思い出。子猫の時にもらってきて、大きく成長する様子。自分の子供が生まれいつもそれを見守っていた様子。年老いて休んでいる時間が増えていく様子。静かに息をひきとった時の様子。これまでの思い出に、心から感謝の言葉が語られ泣き崩れる飼い主様。

そして、もう一つが後悔です。私が一つ印象に残っている言葉があります。年齢は50歳前後でしょうか？　落ち着いた身なりの女性が、ペットのお葬式がしたいと松岩寺に来られました。

聞けば25年以上人生をともした愛猫が亡くなり、悲しみのなかにいる際に松岩寺で動物のご供養を行っていることを知りお寺にきたようです。お葬式のお別れの言葉のなかで、その方はこのようなことを言われていました。

「めぃちゃん、苦しんでいるあなたの気持ちがわからなくてごめんねぇ。ずっとつらくて我慢していたんでしょう」

動物は人の言葉を話せません。ただ、飼い主様の様子や行動をみていると、どうやら飼い主様の考えていることや思いがわかるようで、飼い主様が辛そうな顔をしているときは「どうしたの？」という心配そうな顔をしながら、そっと擦り寄ってきたりするそうです。

飼い主様も同様です。動物の言葉はわかりませんが、普段一緒にいるとそのペットの嬉しそうな様子、悲しそうな顔、苦しそうな顔もわかるようです。

松岩寺に動物供養塔が建立され約7年の月日が流れましたが、いまだにお参りにくる方が絶えません。ご縁をいただき少し遠方の飼い主様の納骨の受け入れを行っているのですが、最近は遠くからお参りにくる方も多くなりました。なかには1時間半以上、車を運転しお参りにこられ、一緒に手を合わせ、思い出話を聞きながら法要を行うこともあります。お盆、お彼岸などは好物のマタタビや、ドックフードなどをお供えする方もおられます。感謝の言葉をいただくことも増え、飼い主様と言葉を交わすなかで、少しでも自分が僧侶として大切なご家族の一員のご供養に携われたかと思うと、心がほっとすることも多くなりました。

終活とは？

ここで終活《しゅうかつ》について説明したいと思います。私は一般社団法人終活カウンセラー協会の終活カウンセラー上級資格を保有していますが、ここでは終活カウンセラー、僧侶、ファイナンシャルプランナーなどの目線から終活についてお話をしたいと思います。

○そもそも終活とは？

近年終活という言葉を耳にすることが多くなりました。終活向けの書籍やエンディングノートなどが発行され、さまざまな終活に関するセミナーが開催されています。終活カウンセラー協会代表理事の武藤頼胡《むとうよりこ》さん、専求院寺庭の村井麻矢さんが終活の分野で活躍されております（内容については第2章でお話しさせていただきます）。

ここで終活カウンセラー協会が考える終活について紹介したいと思います。終活とは、「人生終焉を考えることを通じて、自分自身を見つめ今をよりよく自分らしく生きるための活動のこと」（『初級テキスト2016年版　終活カウンセラー協会』一般社団法人終活カウンセラー協会）とされています。

終活というとお葬式やお墓（本書もそれが中心ですが）、亡くなることへの準備と考える方も多いと思いますが、それだけではありません。今をよりよく自分らしく生きるための活動が終活なのです。

昨今の情勢をみると、少子高齢化の加速や、新型コロナウイルスの感染拡大による不安、老後の2000万円問題をはじめ、私たちを取り巻く環境は一昔前とは異なり、必ずしも安心して老後生活を迎えることができるとは言い難い状況にあると私は考えます。あらためて、老後生活、第二の人生に向け、自ら考え活動していくことがこれからの人生において大切になってくるといえるのではないでしょうか？　それでは具体的にどのような活動や分野があるのでしょうか？　簡単ですが、いくつか例を挙げて紹介したいと思います。

○お葬式、お墓、ご供養の場の準備

本書の中核となる内容ですが、お葬式・ご供養については可能な範囲で無理なく準備をしていくことが大切と考えます。菩提寺の有無、墓地やお墓、永代供養墓、樹木葬などの準備、お葬式の規模、どこまでご親族を呼ぶかなど本書も参考に、ご親族などともご相談ください。

また、菩提寺があるにもかかわらずお葬式、戒名は必要ないというのはＮＧです。菩提寺がある場合、原則菩提寺の和尚様にお願いし、お葬式を行い、戒名を授与していただきます。もし、お葬式、ご戒名が不要と考るなら、ご生前から念入りな準備や説明が必要です。墓じまいを行い、お墓を引っ越します。菩提寺に事情を説明し、場合によっては離檀の検討も必要でしょう。残されるご家族やご親族に多大な迷惑をかける場合があるので注意が必要です。

○エンディングノートについて

終活といえばエンディングノートを作成するイメージをもつ方も多いでしょう。さまざまなものがありますが、一般社団法人終活カウンセラー協会でもマイウェイという終活ノートを発行、一般社団法人みんなの仏教では人生を重ねるという意味でエイジングノートという名前でエンディングノートに近いものを発行しています。

エンディングノートは各社、各団体よりさまざまなものが出ていますが、いくつか手にとりながら自分の考えに合う書きやすいものを見つけ埋めていくのがよいでしょう。注意が必要なのはエンディングノートには法的な効果がないことです。ご遺族へ伝えたい思い、ご自身の歩んできた歴史、資産状況など、ご遺族があなたが亡くなった先に迷わないための一つの材料と考え、書くことをおすすめします。また、ノートを全部埋める必要はありません。可能な範囲で埋めていくのがよいでしょう。保管場所も重要です。普段目にする場所に置くか、ご家族の何人かに保管場所を伝えておくのもよいでしょう。

○介護や介護保険ついて

日本はこれから超高齢化社会に移行していきます。２０００年より介護保険法が施行され、国民、国、地方自治体が費用を負担し、介護サービスの提供をするようになりました。それはどのような制度となっているのでしょうか？　仕組みや手続きの流れを理解し、法改正にも備えながら、準備を行うことが大切と私は考えます（余談ですが、これからの公共のサービスは自己負担が増えていくでしょう。少子高齢化、国の財政難が大きな理由です。その分所得が増えれば問題はないと思いますが……。これからますます厳しい状況に置かれると私は考えます）。

近年では民間の保険会社が、介護に備える保険商品の販売をスタートしています。ご家族とも相談しながら、将来に向け備えていくことが大切であると私は考えます。

◯もらえる年金の試算、民間の生命保険の確認

現在年金を受給されている方はわかるかと思いますが、これから年金を受給する方は、年金定期便などで加入状況や、受給できる年金額を把握しておくとよいでしょう。また、現在加入している民間の保険会社の契約状況も把握し、老後の大まかな生活費のイメージをつかみ、不足分などを確認する必要があります。特に個人で民間の生命保険会社の保険に加入している場合は、エンディングノートなどを活用し、ご家族にもわかるように準備しておくことをおすすめします。

余談ですが、特に民間の生命保険に加入の場合、人生設計が変わるごとに（家族の増減や独立、同居の有無など）、随時プランの見直しをしていくことをおすすめします。見直しの方法ですが、独立系ファイナンシャルプランナーなど商品を販売していない中立性を保てる方への相談をおすすめします。

私の経験ですが、以前このようなことがありました。家族が増え生活設計も変わったため、現在加入している保険の見直しを保険会社に相談したのですが、提案内容が無茶苦茶でした。すすめら

れた保険商品は現在加入しているものも含め年収の15%ほど。しかも、新規の提案のものはほとんどが掛け捨て。一定の年齢になると保証金額がガクンと下がります。簡単に説明すると、今あなたが亡くなることが家族にとって一番試算的によいですよという内容です（妻も働かないで安泰、子供も大学までいけます）。

私は金融機関に3年ほど勤務しファイナンシャルプランナーの資格や、保険販売の資格も取得していました。一般の方よりは民間の生命保険に詳しい自負はありますが……、この提案は私にとって酷すぎました（あまりに酷く、提案書を見た瞬間笑いが止まらなくなったほどです）。何より一番怖いのは、これが最良の提案と考え設計書を提出する保険会社です。これは極端な例かもしれませんが、もしかしたら田舎ではよくある話かもしれません。

独立系ファイナンシャルプランナー以外にも、日本FP協会などではファイナンシャルプランナーの無料相談などを開催しています。また、複数の保険会社の取り扱いがある代理店や、保険代理店登録をしている税理士事務所もあります。ただ、複数の保険会社の商品の取り扱いがある代理店の場合、お客様の利益より自社の利益率が高い商品をすすめられる場合もあると聞きます。税理士事務所が代理店登録をしている場合、税金対策としての相談も可能な場合が多いと聞きます。いずれにせよ、さまざまな視点から見直しを行う必要があると私は考えます。

○相続の準備

終活に関連する分野として相続についても少し触れておきます。相続に関しては、弁護士や行政書士、税理士といったそれぞれの専門家がいますが、遺言や相続税対策など、次の世代のことも考え、準備をしておくことが大切です。以前、私が見たデータでは全体の8～9％ほどの方が実際に相続税を払うことになるというものでした（国の財政を考えると今後ますます相続税を払う方が増えていくことでしょう）。また、負債がある場合も要注意です。専門家に相談し、次世代のために解決しておくことをおすすめします。

○一番大切なことはご自身の人生をいかに輝かせるか

ここで私の父（住職）の終活について紹介したいと思います。私の父は現在76歳。地域の僧侶のなかでもだいぶ上の世代となりましたが、最近このような取り組みに挑戦しました。それは今まで父が住職として長きにわたりお檀家さん向けに発行していた「みなさまのおてら」という寺だよりを書籍化してお檀家さんを中心に配布したことです。

次世代への引き継ぎの意味もあるでしょうが、父としてはこれまで行ってきたことを一つの本にまとめ、お檀家さんにお伝えしたいという思いもあったことでしょう。

終活は十人十色です。お葬式・ご供養、お墓についての準備もあれば、相続、年金、保険、介護の分野もあります。これまで自分が行ってきたことを次世代につなげることも終活ですし、今までやりたかったことに挑戦し、取り組みをすることも終活です。お釈迦様は最期にこのような言葉を遺したと伝わっております。

「すべてのものはうつりゆく、怠らず務めよ」

自分自身を見つめ今をよりよく自分らしく生きるための活動。限りある人生。今できることを精一杯行うことが、大切な終活の一つであると私は考えます。

【コラム①】宗教家と寺院経営のはざまで（お寺とお檀家さんの関係）

前著の『最高のお葬式 最高のご供養』で、お坊さんには面と向かって文句が言いにくいという話を書かせていただきましたが、今回はその続編です。

私も松岩寺に戻り早9年ほどですが、さまざまな取り組みに挑戦してまいりました。永代供養墓、樹木葬墓所、動物供養塔の建立をはじめ、お寺のホームページのリニューアル、パンフレットの作成、ＹｏｕＴｕｂｅ動画配信への挑戦、縁結び地蔵菩薩の建立、お葬式のチェックシートの作成、ご戒名の由来の作成、最近ではアマビエの御札を描いたりアマビエ像を建立するなど……。挙げていったらキリがないくらいです。

◆きっかけは大きな危機感

おそらく、お寺の副住職でここまで多くの取り組みをしている方は少ないでしょうが、これには理由があります。それは大きな危機感をもったことです。私が戻った当時の松岩寺は今思うと少し大変な状況であったかと考えます。東日本大震災の影響も大きく、多くのお檀家さんが被災し大切なご家族が亡くなり、住むところもバラバラ。住職の顔もわからない方や、檀家と思っていない方など。

会社員を経験後、本山で修行を終え戻った私にとっては衝撃的でした（幸いにも住職、護持会の役員さんはじめ、古くから松岩寺というお寺を大切に思っている数多くのお檀家さんがいたことは一番の救いでした）。このままではいけない。そう感じながらひたすらお寺の体制を整えるために動いた9年間でした。

お檀家さんからの反応はさまざまで、今でも私の悩みの一つが「お坊さんには面と向かって文句が言いにくい」ということです。特に護持会の役員さん（檀家総代にあたる役です）への匿名のお檀家さんからの辛辣なクレームには大変頭を悩まされました。最近は匿名のクレームなどは受けない方針で総代さんなどにも話していますが、顔を合わせながら

手描きのアマビエの御札

何らかの形で建設的な場を設け、松岩寺の未来について自由に議論できる場を模索できればと考えています。

◆辛口な意見から、あらためて原点を確認する

先日あるホームページである方より辛口な意見をいただきました。私の第一印象は「そうかあ」と思いつつ、軽いショックを受けながら、あらためて再考したのがお寺の原点です。

曹洞宗の僧侶でもある江戸時代の名僧、鈴木正三老師は「万民徳用《ばんみんとくよう》」という考えを示しました。鈴木老師はあらゆる職業が仏様の働きによるものと説きました。各々の職業の方がそれぞれの立場で努力し、職務を行うことが仏様の行いであり、仏道であると説きました。

松岩寺は前述の通り1635年に地域で発生した鉱山事故の犠牲者を弔うために建立したご供養のお寺です。お檀家さんはじめ、どんな方でも心を込めてご供養を行うのが、松岩寺の役割であると考えています（私の僧侶としての原点はこれで間違いありません）。

しかしながら、気づいたことがあります。それはおそらくお檀家さんにお寺の理念を伝えきれていない点です。悩み再考するなかで私の心に落とし込めた言葉がみつかりました。それは

「松岩寺の使命はお檀家さんをはじめ、皆様からお預りしている大切なご先祖様、故人様、お

寺を未来永劫守り抜くこと」です。新型コロナウイルスの感染拡大の影響もあり、変わりゆくお寺の環境。できることを考えながら、お檀家さんと理念を共有し、僧侶としての道を迷走しながらも軸をもち歩んでいきたいと考えます。

第2章　お葬式・ご供養のヒントが満載
――コロナ禍でも挑戦し続ける供養の世界

オンラインでの配信　写真提供：妙法寺

終活も今やYouTubeは当たり前？

コロナ禍をきっかけに、ますます活況となるYouTube。私のまわりでもユーチューバーとしてデビューする方、活躍する方、配信を試みる方が増えてまいりました。今回は僧侶、エンディング業界でユーチューバーとして活躍する3名を、まず、紹介したいと思います。

お一人目は大慈和尚。私と同じ曹洞宗の僧侶であり私が最も視聴している仏教、仏事に詳しいユーチューバーです。

次に有限会社佐藤葬祭の佐藤信顕社長。葬祭会社を経営し動画の登録者は9万人超え。葬儀社では日本一のユーチューバーです。

そして中野良一さん。もともとはお墓ブロガーとして活動をされていましたが、YouTubeデビューも果たし、わかりやすい動画で、普段知ることのできない墓石や施工の知識を学ぶことができます。

今回はそんなお三方にご自身の動画、これからのエンディング業界について話を聞かせていただきました。また、その他にもさまざまな取り組みを行っている方々を紹介致します。

「仏教　お寺ch」　お坊さんユーチューバー　大慈和尚

曹洞宗の僧侶であり、お坊さんユーチューバーとして活動する大慈和尚。私も彼のファンでいつも動画を楽しく拝見しています。大慈和尚の動画は私からみても非常に面白くためになります。そして、時には実行できていない私にとって耳が痛くなる言葉もあります。お坊さんの立場から普段一般の方が聞けそうで聞けない仏教、お寺の知識をＹｏｕＴｕｂｅを通じ、わかりやすく的確に解説されています。そんな大慈和尚の「仏教　お寺ch」の魅力と取り組みについて教えていただきました。

○動画をはじめたきっかけ

「もともとはＱ＆Ａサイトで活動していました。質問を探して回答する。自分の言いたいことを言うのではなく、求められたことに対して回答を考えるＱ＆Ａはとても良い研鑽の場でした。ところがやはり、質問された話題しか発信できないというのは少なからず欲求不満になるんですよね(笑)。単に自分が言いたいことも出てきますし、あるいはこの人の仏教の悩みは筋道が悪いんだよな、順序と方向性をよく組み立てていけばこんな悩み方にはなり得ないのに……、ということもあります。後者は何度も質問と回答のキャッチボールを繰り返すことができれば解消することもあります。でも、そんな間柄になっていただけることは決して多くはないですよね。もちろん、だからこそ逆に嬉しいこと、やり甲斐のあること、有り難いことがたくさんあったのは当然です。ブランクも込みになりますがそれを10年続けました。でも、9年目ごろから酷くスランプになり、なかなか回答できなくなってQ＆Aの活動は休止しました」

「そしてちょうど10年になる頃、YouTubeで『葬儀葬式ch』の佐藤葬祭の佐藤社長に出会ってライブ配信のチャット欄にお邪魔するようになりました。そして佐藤社長や常連さんたちと仲良くなっていくうちに、『大慈くんもYouTubeやりなよ』って誘っていただいたわけです。で、すぐはじめました。行雲流水。スランプに立ち向かわず、環境を変えるのもアリだな。だって禅僧だもん……、と」

○動画の反響

「2019年4月29日に最初の動画をアップしてから2020年11月3日現在で、総視聴回数は約45万回、総再生時間は約5万時間、チャンネル登録者数は4000人弱です。この数字への評価はさまざまでしょうが、私が嬉しく感じていることはお坊さんではない視聴者、お坊さんの視聴者双方からご好評をいただいていることです。

一例として『お坊さんが戒名をガチで丁寧に解説【葬儀の戒名って何？ 院号の意味は？】』という動画では、お坊さんではない視聴者から『あっという間の30分でした！ 明日からだれかに話したくなる内容でした！』というコメントをいただいております。

また、伝統仏教のほとんどの宗派のお坊さんからもたくさんのコメントを頂戴しています。感想や応援のみならず、『ウチの宗派（地域）の場合は……』といったコメントもいただいておりますので、『動画だけでなくコメント欄を読んでいても勉強になるch』という評価をいただくこともあります。まるで仏教、お寺の話題を語り合うコミュニティになりつつあるようで、とても有り難いことだと感じています」

○視聴者へ伝えたい思い、どんな視聴者に観てもらいたいか

「日本仏教最大級の問題は、コミュニケーション不足と私は捉えています。『騙されるな！ 葬式仏教・堕落論‼』や『【禅僧が語る】浄土真宗のお坊さんは嫌われているのか⁉』の動画で紹介した調査結果によると、時間をかけてお寺とお檀家さんがコミュニケーションを重ねれば重ねるほど、ちゃんと信頼関係が築けている現実がみてとれます。そのこと自体をお伝えしたいと思っています。世間の人々には『お寺ってトラブルだらけの怖いところじゃありませんよ。安心してお寺にきてくださ

いね』と。お坊さんの視聴者には『現場のお坊さんの大多数は頑張っていると数字に現れていますよ。お坊さんは嫌われ者なんかじゃありません。日頃の檀務（お檀家さんとのご法事やお葬式）に自信をもってください。そして仲間を信じてください』と」

○視聴者にとってもらいたい行動、そして、今後ＹｏｕＴｕｂｅでやりたいこと、これからの展開

「しばらくはchを成長させて情報の発信力、拡散力をつけていきたいです。そしてその発信力で仏教、お寺にまつわるさまざまな誤解やデマを解いていこうと考えています。例えば坊主丸儲けといいますが、実際はほとんどのお寺が経済的に苦しいです。むしろお寺自体は赤字で、一般職で兼業して稼いだお給料の持ち出しで複数のお寺を維持管理しているお坊さんもたくさんいます。あるいはインターネットの格安葬儀社のサイトでは、院号は１００万円からが相場ですというのが常套句になっています。しかし『こんなに危ない！ 戒名料、お布施の相場は○○⁉【葬儀・葬式の闇】』で示したように、こういった情報は景品表示法の有利誤認などで消費者庁から指導が入っていたような業者が広めた情報のコピペですので、眉に唾をつけて読まねばなりません。そのようなデマが信じられ続ける限り、お坊さんがどんなに誠実に頑張ったとしても、安心してお弔いをしたり、仏教、お寺に親しむことができない人が一定の割合で出続けることになります。世の中から犯罪がなくならないように、こういった問題が根絶されることはないでしょうが、割合を減らす努力、出て

きても広まらないようにする努力はだれかがやらねばなりません。そういったことが充分、形になるか、あるいは仏、菩薩のポジションに対する明王や仁王のような護ってくださるポジションの人がもっともっと増えてくるまでは、そういうこともやっていかないといけないでしょうね。また一方で、お寺の虚飾でない姿を、生々しくぶっちゃけ過ぎない範囲でお伝えしていきたいです」

○配信で仮面をつけている理由

「これはよく聞かれるのですが、理由はいくつかあります。すべては話せませんがここでは三つ挙げます。まず、私は自分が有名になりたいというより、日本仏教そのものを活性化させたいと思っています。日本仏教という土壌を活性化させることで、一本の草木であるウチのお寺も恩恵にあずかりたいと考えているわけです。一本の草木を育てるために、まず土壌を良くしたい……、自然な発想でしょう？　だから私の動画をご覧になった方々に、私のお寺のお檀家さんになってほしいとは思っていません。むしろ私の動画をきっかけとして、皆様の菩提寺さんや地域のお寺に興味をもち、お付き合いを深めていただきたいと思っています。それで日本仏教全体の雰囲気や体力が底上げされれば、それにしたがってウチのお寺を取り巻くイメージや雰囲気もよくなり、ウチのお寺を護る活動もしやすくなるでしょう。そうした時に、私は『だれだか知らないけど、ウチのご住職が見込んでるどこかのお坊さん』というポジションになれたらいいなと思っているわけです。それが住職、副住職というよりも、布教師としての私なりの矜持です。そこに仮面の意義があります。

二つ目の理由はリスクヘッジです。お寺の住職、副住職はインターネットで顔出しした時点で住所も電話番号も晒しているようなものです。それはお寺の宿命です。アンチやストーカーからすれば、こんなにやりやすい相手はありません。おまけに世の中には伝統仏教そのものを否定せずにはいられない人や団体がたくさんありますから、お坊さんの発信者は活動をはじめる前から組織的なアンチがいっぱいいるようなものです。

それで活動を継続できなくなるようでは困ります。お檀家さんを含めたお寺全体の損害が出ることだってありえます。家族だって守らねばなりません。じゃあどうするか？ 他のユーチューバーであれば最終手段として引っ越せば何とかなりますが、お寺というものはそうそう引っ越しできるもんじゃありません。対策の最終手段が最初から封じられているなら予防するしかありません。そこで仮面と匿名の意義が生じます。これはより大きなデメリットの予防のために顔出しのメリットを手放す選択です。でも、意外と盲点なんですが、お坊さんユーチューバーは戦略によって逆に仮面がメリットになり得ます。顔出しすると下手なことが言えなくなります。無難な、綺麗なことしか言えなくなります。仮面をした方が攻めた話ができるので、仮面を選択した私のことを羨ましがっているお坊さんユーチューバーさんもいらっしゃるのですよ。三つ目の理由は、趣味です。趣味だから」

私が最も尊敬するお坊さんユーチューバーであり曹洞宗の僧侶でもある大慈和尚。今後のますますの活躍、動画での情報発信を私個人としても楽しみにしています。「仏教　お寺ch」で検索を。

登録者9万超え！「葬儀葬式ch」　佐藤信顕・有限会社佐藤葬祭社長

お葬式のジャンルでチャンネル登録者数９万人を超えるエンディング業界でも有数のユーチューバーである佐藤信顕・佐藤葬祭社長。投稿動画の数は１６００本を超え、全国に多くのファンがおられます。鋭い切り口で葬儀業界のデマを切り動画を配信する姿は非常に魅力的で、お葬式を中心としながら多くの情報発信や業界への提言をされています。そんな佐藤社長に動画についてお話を聞かせていただきました。

○ＹｏｕＴｕｂｅをスタートしたきっかけ

「業務的なＰＲになると思ってはじめましたが、あまりにもデマや偏向的な情報に苦しんでいる人が多く、たくさんの質問が寄せられてきたため、葬儀にまつわる間違った情報発信としてのカウンターとして、正しい情報発信を目指すようになりました」

特に佐藤社長が心配されていたことがあります。それはお葬式に関するデマによって、ご家族、ご遺族に意見の分断が起きることです。

「なかでも檀家になっていない方が、お坊さんをお呼びし葬儀をお願いする場合、ご家族で戒名をもらう、もらわないが、話題となることがありましたが、そもそもお坊さんにお願いするなら戒名は必要です」

第1章でもしっかり解説させていただきましたが、お坊さんに葬儀を依頼するなら戒名は絶対に必要です。戒名が不要とお考えでしたら、お坊さんをお葬式に呼ぶ必要はありません。お葬式やお墓をはじめ佐藤社長の動画では、こうした業界のデマを一刀両断にしていきます。

「嘘やデマ、間違った情報を垂れ流す奴は長くは続きませんから、そういうのは葬儀の範囲に限っては僕が蹴散らしていきますので、ドンと胸を張ってお弔いしてください。できる範囲でかまわな

佐藤信顕・佐藤葬祭社長

いので、そうやって人間らしく生きていただければ、僕は何の不満もありません。自由で結構です。間違ったことが勝ち続けるなんて難しいことですから、だんだん世の中に伝わっていくと思っています。問題がないところに火をつけられて黙ってみているのではなく、事実でないことは事実でないとはっきりと伝えていかないとなりません。昭和の時代の新宗教、新興宗教のシェア争いのための伝統的な葬儀や宗教批判に付き合うことはありません。平成から令和を迎えて、過去のいきさつから自由になってほしいと思っています」

○視聴者の皆様へ伝えたい思い

「葬儀や弔いのことは死にまつわることですが、生きてきたようにしか終われないことです。すべてを任せて旅立つしかないのが人の死ですから、安心して生きて安心して終われます。世界は思い通りにならないですが、思いもよらぬことで救われたりします。葬儀屋は一生に一度しか役に立ちません。役に立つのは葬儀の時ぐらいです。だから、しっかり使ってやってください」

そんな佐藤社長が葬儀社として何を大切にしているのか、大きく分けて三つあります。

「まず一つが故人様です。何よりも故人様を大切にし、お弔いの手伝いを行うのが葬儀社の務めです。次にお寺です。これはお坊さんそのものであり、その背景にあるのが仏法です」

佐藤社長は葬儀社として修行中、師匠より難解な仏教書を読むように指導を受けました。お寺、お坊さんとその背景にある仏法を大切にしておられます。

「最後にご遺族です」

この三つを大切にすることが、良い葬儀社の条件であると佐藤社長は師匠に教わり今も忠実に三つの教えを守っています。

「そして、これは前述のご遺族を大切にすることにもつながりますが、お客様とのコミュニケーションを大切にすることです。お客様が葬儀社に求めるものは葬儀をしっかりとやってもらうことです。まずはお客様の話をしっかりと聞くこと。お客様のなかには何がわからないかわからないという方もおられます。そういった方には質問をしながら選択肢を提示していく、そのなかでお客様の具体的な希望や方向性が見えてきます」

○コロナ禍の影響、コロナ禍をきっかけに感じるお葬式の変化

「感染予防対策のため、集まることや会食をともにできない制限が自粛という名前で強制された以外は何も変らないですよ。変わった変わったって騒いで、自分だけ利益を得ようとする人を止めるのが僕の役割です。葬儀ができない、集まれないことで、普段当たり前にやってるお弔いが大切だったと感じる人は顕在化したんじゃないかと思います。当たり前に昨日と同じことができるのを平和と呼びます。平和が奪われたら、がんばって辛抱して取り戻さないといけないと思います」

○これからのお葬式・ご供養の在り方について

「これまでも弔いは生活に合わせてできる限りやってきたし、これからもそうです。昔の人の知恵は莫大に経験として蓄積されて、頼りにするだけの厚みがあります。新しいご葬儀、変わりゆくご葬儀なんていわれていますが、ここ30年で特に変わったりしていません。目の前のことをチャンとやったら大丈夫です。心配すんな、安心して目の前のことをやりましょう」

今回お話を聞かせていただき感じたことがあります。それは佐藤社長のデマ撲滅への強い思いと発信力です。

佐藤社長の言葉の一言一言には重みがあり説得力があります。それは業界のデマによって苦しんでいるご遺族を助けることであったり、我々僧侶に対する叱咤激励であったり、エンディング業界に対する提言であったりします。佐藤社長の力強い言葉に背中を押されつつ、私も僧侶としてお檀家さんに向き合いながら、日々の檀務に務めねばとあらためて感じました。

検索は、佐藤社長の「葬儀葬式ch」で。

「おはかのなかのch」　中野良一さん

「おはかのなかのch」を運営する中野良一さんは、長年石材の仕事に携わり、ブロクやいのちの積み木のワークショップにも取り組み、ＹｏｕＴｕｂｅではお墓の石材を中心に詳しく解説されています。私もこれまで多くの石材業界の方とお話しする機会があり、本書でもお墓選びについて触れていますが、実務の経験、深い知識からなる中野さんのわかりやすい動画は、普段墓石について考えるきっかけがない私たちにとっても、大きな助けとなるでしょう。今回はそんな中野さんにチャンネルについてや、墓石の魅力、墓石に込められるご先祖様へのご供養の思いについて、お話を聞かせていただきました。

○ＹｏｕＴｕｂｅをスタートしたきっかけ

「私は長年、『おはかのなかのブロク』というページをつくり、お墓の大切さやご先祖様の大切さについて情報を発信する活動に取り組んできました。現在はコロナ禍の影響もあり、家で動画を見る方が多くなっているという話を耳にし、どうやったら、多くの方にお墓やご先祖様の大切さ、良さを伝えることができるのかを以前から動画にしたいという思いがあり、意を決してスタートしたのが、ＹｏｕＴｕｂｅでの動画配信でした」

○伝わる「お墓愛」

これまでライフワークとして続けていたブログの延長で動画配信をスタートさせた中野さん。石の原産地にも出向き石そのものの魅力を伝えたり、生産者より生の声を聞き、その思いを伝えたり、地域で開催されるお墓セミナーの講師にも呼ばれたりと、日夜本業の石の卸売業に合わせ、お墓の魅力を伝える活動に注力されています。

私が中野さんのお話から強く感じたことがあります。それは「お墓愛」です。中野さんの動画では、それぞれの墓石の魅力はもとより、具体的な施工の方法やメンテナンスの仕方、戒名などの文字彫りやお線香の消し方まで、お墓とお墓参り、ご供養に関連する内容が、細かく多岐にわたり解説されています（石材業界でここまで情報をオープンにし墓石愛のこもった動画をＹｏｕＴｕｂｅでアップされている方を私は他に知りません）。

○お墓はただのものではない

「お墓の魅力とは何でしょうか？　おそらくものとしてお墓を捉えたら、本来のお墓の魅力の半分もないでしょう。お墓の本来もっている意味、ご先祖様から今の自分とご家族まで代々続くつながりと弔いの心まで踏み込み、お墓の大切さを考えることが、これからますます大切になってくると私は考えます」

○漫画『20年後の君に伝えたいこと ご先祖様からの贈り物』、積み木のワークショップ

ＹｏｕＴｕｂｅの他に私が中野さんの活動のなかで気になったものがあります。それは漫画『20年後の君に伝えたいことご先祖様からの贈り物』と「いのちの積み木のワークショップ」です（いのちの積み木は中野さんのＹｏｕＴｕｂｅ動画でも紹介されています）。

『20年後の君に伝えたいこと ご先祖様からの贈り物』はもともとＷＥＢ漫画として作成されました。中野さんはこの漫画の原作を企画しました。漫画で伝えたいことは「ご先祖様は私たちに何を教えてくれようとしているのか？」です。ご先祖様から今の自分まで脈々と続くいのちのリレー、生きている一瞬一瞬

いのちの積み木

がご先祖様からの贈り物であるというメッセージがこの漫画には込められています。今を生きる自分たちとご先祖様をつなぐいのちの教育の大切さが説かれているのです。

漫画のなかでご先祖様を見える化したものが登場します。それがいのちの積み木です。一番上にいるのが自分、その下にご両親、祖父母、曾祖父母……、と続いていきます。下のご先祖様を抜くと積み木が崩れ、ご先祖様が存在しないと自分がいないという事実を目に見えて知ることができます。いのちの積み木は、中野さんとともに活動する浄土宗光琳寺の井上広法さんが考案され、現在は全国に80名を超えるファシリテーターがおり、全国でいのちの積み木を使い、いのちの大切さを伝えています。

中野良一さんのＹｏｕＴｕｂｅ動画は「おはかのなかのch」で検索。漫画『20年後の君に伝えたいことご先祖様からの贈り物』は https://senzo.inotinotsumiki.com/?page_id=2。

登録寺院は現在１８８カ寺　現代人の悩みを解決する　困った時に頼れるお寺が見つかる「お寺の窓口」を運営　遠島光顕さん

お寺との良いご縁を見つけるサイト「お寺の窓口」を運営する株式会社ＡＶＥＮＩＬ代表取締役

兼CEOであり真宗大谷派教願寺《きょうがんじ》副住職の遠島光顕さんは、お寺をもとの形である地域のコミュニティの核に戻していきたいという志をもたれています。

「『お寺の窓口』は現在登録寺院が188カ寺にのぼり、新型コロナウイルスの影響がありながらもおおむね月4件ほどのペースで登録するお寺さんがおられます。もともとお寺は役所であり、学校であり地域の拠り所でした。現代社会では多くの悩みを抱えた方がいるにもかかわらず、お寺にできることは限定的でした。私はお寺が過去にもっていた地域コミュニティの役割を、現代に合わせた形で再興したいと考えています」

○僧侶として歩む

遠島さんは工業高校を卒業し、大学へ進学したのち、小さい頃からの夢であった会社経営に向かい学生起業家を志されました。しかし当時はリーマンショックで不況の最中でした。起業した会社は数か月で解散することとなりました。会社解散後、自身の人生を見直すなか、お寺の次男でもあった遠島さんは宗派の大学である大谷大学へ再度入学し僧侶への道を再考します。大谷大学では志をともにする多くの仲間に恵まれ、これからのお寺について思いを募らせていきました。

○多くの社会経験、さらなる起業、やがて「お寺の窓口」の運営へ遠島さんの経歴は多彩で、学生時代の起業をはじめ、大手企業での営業職、子会社への出向、芸能人のマネージャーなどを経験。現在は教願寺の檀務とともに、学習塾のコンサルティング、アパレルブランドの立ち上げ、料理用ソースの販売に取り組むなど多岐にわたります。そんな遠島さんが現在、最も力を入れているのが、世の中でさまざまな悩みや苦悩する人を助けるサイト「お寺の窓口」の運営です。

○「お寺の窓口」立ち上げまで

「お寺の窓口」立ち上げのきっかけは、お寺×ＩＴを夢見たことでした。芸能事務所の仕事を辞め、これからの仕事を考えていた遠島さんはシステム会社を運営する知人にも相談し、「お寺の窓口」の企画書をつくり上げます。進路に悩みながらも、遠島さんは２０１６年４月に会社を立ち上げました。

はじめは登録する寺院もなく、運転資金も底をつきはじめた頃です。このままいったら大変なことになる、そう考えた遠島さんはある決断をします。それは寺院の掲載料無料プランを作成し、自坊である教願寺の名前をオープンにし、登録寺院を募ることでした。結果、これまでの努力も実を結び、徐々に登録寺院が増え、現在登録寺院は１８８カ寺にもなりました。

○「お寺の窓口」で解決、相談できるサービス

お寺の窓口では以下のようなサービスを提供しており、利用者は、お寺とつながりサービスを受けることができます。

①お役立ちコラムの閲覧

事務局および登録寺院などから寄せられるコラムを自由に閲覧することができます。内容は日本仏教の歴史、お葬式やご法要、お葬式後の手続きなど多岐にわたります。

②お坊さんに相談するための窓口

日々悩みをかかえる個人、法人の方がお坊さんにオンラインで相談することができます。

③人生ハイライトムービー

エンディングノートをプロの作成者が映像作品として制作します。

④登録寺院との直接のつながり

「お寺の窓口」に登録している寺院へホームページや電話で連絡し、仏事や各々のお寺が準備している仏事、儀式、イベントなどを知ることができます。

○一番の魅力はお人柄、「お寺の窓口」のこれからに期待

今回私が取材させていただき感じたことがあります。それは遠島さんのお人柄と発想、行動範囲

の広さです。遠島さんは私がこれまでお会いした僧侶のなかでも特別な経験をされています。学生での起業や前職の営業会社での新規開拓の仕事、芸能人のマネージャー、さらなる起業。ここではあまり触れることができませんでしたが、檀家総代さんたちと向き合い、ひたすら邁進する姿はこれまでの私の僧侶像を覆し、大きな励みとなりました。

過疎地でも相談が絶えない樹木葬、永代供養墓
挑戦し大切な人に寄り添うお寺
大源寺　住職　桑海一寛さん

大源寺の住職桑海一寛さんには、過疎地のなかでも常に樹木葬や永代供養墓の参拝者と相談が絶えません。大源寺は多くの方の思いが寄せられるお寺です。

○一人ひとりに向き合う住職の姿勢

大源寺には永代供養墓、樹木葬墓所、納骨壇などがあり、それぞれに多くの方がお参りや相談に訪れます。桑海さんはその一人ひとりに向き合い、お参りの方に時には話しかけ、時にはお参りを見守りながら、来山者様に対応されます。

寄せられる相談はさまざまです。ご自身のご家族の話、熱心に信仰されるご先祖様のご供養と宗派について、子供世代への負担を心配する方には継承の心配がない旨をお伝えし、一人ひとり、ご家族、ご夫妻の形に合わせたご供養の形を示されます。

僧侶としては若いながらも持ち前の向上心から、24歳にして晋山式（住職の就任式）、本堂修繕という一世一代の大事業をやり遂げ、最近では遠方で法要に参列できないご家族へ向けて、ＹｏｕＴｕｂｅなどを利用し法要の様子を施主様へ届けるなど、常に一般の方の視点に合わせた仏教の伝道を心がけ、精力的に活動されています。

○納骨が絶えない永代供養墓、自然に還る樹木葬

大源寺の永代供養墓には多くのご遺骨が納骨されています。反響も大きく遠方からの受け入れや、納骨が追いつかず、新たに骨堂を増設し対応するほどです。皆様とのご縁を結びやすいよう永代使用料を抑え、お参りにくる人もあとを経ちません。大源寺では永代供養墓の他に、樹木葬墓所を運営していますが、こちらも大変好評です。お寺と自然との一体感を大切にし、庭園のような空間で時間をかけ、ご遺骨は徐々に自然に還ります。

なぜ常に納骨や相談が絶えないのでしょうか。一つは桑海さんに、常に相手の立場を思う気持ち、挑戦する向上心があるからだと私は感じました。桑海さんは大源寺の住職以外に年金機構や市役所

での勤務、大きなお寺で働くなど、社会人としてさまざまな経験を積まれました。時には挫折し、時には悩みながらも挑戦し、故人様、ご先祖様との縁を大切にされてきました。宗教者としていかに仏教を伝え、大切な故人様、ご先祖様を守っていくのか。桑海さんのたゆまぬ努力と向上心、皆様の助けになりたいという菩提心が多くの皆様に支持される理由であると私は考えます。

あなたは将来どんな場に眠りたいですか？
礼拝空間デザイン室「TSUNAGU」代表　森口純一さん

礼拝空間デザイン室「ＴＳＵＮＡＧＵ」代表の森口純一さんは、前職も含めこれまでの数百の永代供養墓、樹木葬、納骨堂のデザインや運営相談などを手がけ、私の知る限り日本一永代供養墓に詳しい専門家です。今回は森口さんに永代供養墓にかける思い、現在企画されているプロがすすめる永代供養墓紹介サイトについてお話を聞かせていただきました。

○永代供養墓は聴くことからはじまる。ご住職との対話

お寺で永代供養墓の企画を行う際、まずはご住職の話を聴くことから開始します。ご住職の話を

聴くといっても、ただ漠然と聴くわけではありません。ご住職の人となり、お檀家さんとのかかわり方、お寺を守っていく姿勢、境内とのバランス、調和などを考えながら聴くのです。永代供養墓の企画から建立まで長い時には1年の月日をかけ、また、契約からシステムづくりまで9年以上のお付き合いとなることもあります。森口さんは業者をお客というより、考え方理念、を共有するパートナーとしてみています。

○売れるより一人ひとりと対話できる永代供養墓

なかでも森口さんが大切にしていることは「一人ひとりと対話ができる永代供養墓」です。森口さんが手がける永代供養墓のなかには歴代住職が入るものもあります。「ご住職が入る決意をもち運営するのだから、私たちの大切な故人様、ご先祖様も守ってくれるに違いない」そう考え安心する契約者様も多いことでしょう。境内とのバランス、ご住職の考え方、お客様がはじめてお寺にきた際に感じてもらう清潔感。だれもが故人様と自分自身、一人ひとりと対話できる永代供養墓を目指し、デザイン、企画を行います。

○今を歩む住職と先代住職、お檀家さんをつなぐ納骨堂

森口さんが納骨堂をデザインする際に常に心がけているのは、ご住職、お檀家さん、新たな申し

込み者をつなぐことです。

このようなお話をお伺いしました。はじめ住職は先代住職が建立した納骨堂を取り壊し新たな納骨堂をつくるつもりでした。しかし、森口さんが取り壊す予定の納骨堂を見て感じたのは先代住職のセンスと思いでした。森口さんは現在の納骨堂をリフォームすることを提案し、ご住職のお話を聞きながら計画を煮詰め、見事に完成。無事落成式を行いました。

なかでも印象に残った話があります。それは落成式に昔の納骨堂の写真を持参し、今回のリフォームを大変喜ばれたお檀家さんがいたことです。今までお寺を支えてきた先代住職。新たな取り組みをスタートする現住職。昔の納骨堂の写真を持参し大変喜ぶお檀家さん。皆様をつなぐ納骨堂として生まれ変わりました。

○威厳、立派より可愛らしい、ほがらか、女性がほっとする永代供養墓

近年は荘厳さより、可愛らしい、ほがらかな気持ちになる、特に女性目線でほっとする永代供養墓が人気のようです。特にご夫妻で永代供養墓を選ぶ際は、奥様の意思や感覚を大切にする旦那様が多く、永代供養墓全体のデザイン、可愛らしいお地蔵様を設置することなどが、ご住職のお人柄とともに、選ばれるポイントのようです（ちなみに松岩寺の樹木葬墓所に建立されているお地蔵様は、森口さんのアドバイスを参考に、宮城県川崎町在主の彫刻家平泉正司さんより、一つひとつ作

成したものを納めていただいております。ほっこりとしたお顔で私も常に癒されています）。

○プロがおすすめする永代供養墓、全国版永代供養墓紹介サイトの開設企画

森口さんは現在、プロがすすめる永代供養墓の全国版紹介サイトの開設を企画しています。

「私もこの仕事を開始してから、永代供養墓の選び方について相談されることが多くなりました。全国には魅力的な永代供養墓が数多くありますが、ご住職のお人柄まではなかなか知ることができません。地方の魅力あるお寺、永代供養墓を世の中の方に知ってもらうきっかけをつくることができればと考え、現在企画しております」

○これからは永代供養墓も二極化か？

「今後、永代供養墓は二極化が進んでいくと私は考えます。安価なものに流れる一方、魅力あるご住職がしっかりと、ご供養の形を示した永代供養墓に人気が集まるでしょう。私が多くの永代供養墓のデザイン、企画をしてきて感じるのは、永代供養墓を選ぶのは檀家になりたくないわけではなく、しっかりと故人様を大切にし、魅力あるご住職の姿勢がみえることで信徒、信者になりたいという方も増えてくるのではということです。誰しも弔い宗教者に救済してもらいたいという思いがあります。なかでもより満足度の高い合葬墓や、ペットと入ることができる永代供養墓などに人気

が集まるのではないでしょうか」

充実した人生を送るための終活、付き合いやすいお寺を目指して
専求院　寺庭　村井麻矢さん

専求院寺庭の村井麻矢さん（住職の奥様）は、終活カウンセラーの資格や持ち前の行動力を活かし、付き合いやすいお寺を目指し活動をされています。私も今回はじめてお寺での取り組みについてお話を聞かせていただきましたが、ここでまで魅力的な場づくりをされているご寺庭さんは、そういないと思います。何よりもご本人が楽しみながら、お寺は楽しい場としてさまざまな企画や取り組みをされている姿勢は私にとっても新鮮でした。ここでは少しですが、村井さんの取り組みについて紹介したいと思います。

○終活は楽しい！　人生を充実させるために行う

終活カウンセラーの資格である上級インストラクターを保有する村井さんは、お住まいの弘前市を中心に多くの場で精力的に講演活動などをされています。終活の一番の魅力は人生が充実するこ

とです。終活のイメージといえば、お葬式、お墓の準備、遺言、相続の準備などを思い浮かべる方も多いことでしょう。しかし、実際はそれだけではないのです。終活は楽しいことなのです。今の人生を充実させるため、よりよい人生にするための活動が終活なのです。

村井さんは月に一度終活会を開催しています。エンディングノートを書くことで、これまで自分が抱えていた悩みを参加者の皆様と共有することを一つの課題としています。参加した皆様のお声はさまざまです。「自分はこんなお葬式をあげたい」「お寺はもともとこんな場であったのか」「和尚は自分で選ぶことができるのか」

専求院・村井さんの活動

皆様が抱えていた悩みを共有し、前に向かい進む方も多いと聞きます。

◯講演をきっかけに大切な母の思いを知る

村井さんのお話のなかで印象に残ったエピソードがあります。それは講演をきっかけにお母様の思いを知ることができた娘さんのお話です。ご生前に村井さんの講演を聞きエンディングノートを書きはじめたお母様。その後お母様が亡くなり、娘さんはお母様が書かれていたエンディングノートを目にします。そこに残されたお母様の娘さんに対するメッセージ。今まで直接母の口から聞くことのなかった愛情にあふれた言葉でした。娘さんは村井さんに対して熱い感謝の言葉を伝えたそうです。

◯最後のご供養の形を決めるのはご本人（青森県初の樹木・永代供養墓に込められた願い）

専求院には大きく分けて四つの樹木・永代供養墓があります。阿弥陀如来様とハナミズキの木のもとに眠る「共同墓ハナミズキ」「個別墓ナナカマド」「女性専用共同墓ノウゼンカ」「ペット共同墓ヤマボウシ」です。青森県では初の取り組みで、各々に特徴があり一つずつコンセプトを説明したいのですが……、村井さんのお話で私が印象に残った言葉を紹介したいと思います。それは、「最後に決めるのは本人」という言葉です。

相談にこられる方の悩みはさまざまです。今後のお布施、管理費、維持費を心配される方、お寺への要望や悩み、なかにはお葬式をしなければならないという義務感をもち不安に感じる方もいるそうです。村井さんはその一つひとつに真摯に向き合い悩みを聞き、これからのご供養、終活についてともに考えます。相談者のなかには村井さんのお人柄、住職のお人柄に惚れ込み申し込みをされる方もいます。なかには、自主的にお布施をおもちになり、すすんでお寺の護持に貢献される方もいるそうです。

○細かな気遣いと、全力で楽しみそして向き合う姿勢

私が今回お話を聞かせていただき感じたことがありまます。それは村井さんのきめ細かな気遣いと、全力で挑戦し悩み楽しむ姿勢です。専求院では他にも寺ヨガや、お寺にお供えいただいたお供物を、支援が必要な全国のご家庭にお届けするおてらおやつクラブに協賛するなど、精力的に活動を行っています。

お浄土でもう一度大切な故人様、ご先祖様と会う

大法寺　住職　長谷雄蓮華さん

大法寺住職の長谷雄蓮華さんは、浄土宗で大切にされている安心《あんじん》と倶会一処《くえいっしょ》の教えのもと、お葬式、戒名、お墓すべての悩みをお寺で解決できるご供養の形を提案されている他、ラジオで終活、仏事の相談、成年後見人の取り組みなど、地元愛知を中心に幅広い活躍をされています。ここではそんな長谷雄さんの活動を紹介したいと思います。

○お寺一か所でご供養の悩みが解決

大法寺では、だれでも手ぶらでお浄土へいけることを一つの目標としており、お葬式、ご戒名、墓石のすべてをお寺一か所で受けることができます。

本来お葬式は葬儀社、戒名とご供養はお坊さん、墓石は霊園や石材店にそれぞれ頼むことになりますが、大法寺ではそのすべてに関してお寺が窓口となるのです。施主様のかかる費用も見える化し、大きく分けて3タイプのプランを用意しています。必要以上にお金をかけることはありません。葬儀社への依頼もお寺が行い、すべてをお寺で完結することができます（ただし、火葬の費用数千～1万円程度は各々ご対応ください）。

私も多くの石材店、葬儀社、お寺とのお付き合いがありますが、ここまで見える化を徹底したお寺を他に知りません。各々の費用もわかりにくく、本来は各所をまわりながら打ち合わせを行う内容を大法寺ではすべて解決できます。喪主様にとっては大きな安心材料になることでしょう。

○生前戒名の取り組み

大法寺では生前戒名に力を入れています。第1章でも述べましたが、多くの方は戒名は亡くなってからの名前と考えています。しかし、本来は生前に授与いただき、仏弟子として人生を歩んでいくのが仏教徒としての在り方です。長谷雄さんは見事にそれを実践されています。

「生前戒名は多くの方より喜びの声をいただいております。現在はコロナ禍の影響もありますが、元々は年に2回の旅行会などを開催し、授与者様との仏縁を深めています」

○孤独死に対する取り組み、成年後見人への挑戦

「最近は少子高齢化の影響で、お一人様の孤独死の相談を受けることがあります。孤独死の方のなかには遠縁の親戚が遺骨の受取を拒否し、身元不明のご遺体として火葬されることがあります。生前にお寺とご縁を結んでも、ご縁を結んだお寺まで行きつくことができないケースがあります。せっかくお寺と仏縁を結んでも、お寺では死亡届を提出することができません。私が最近はじめた取り組みは成年後見人の利用です。弁護士や行政書士などとも提携し、お寺でお葬式・ご供養、埋葬、お墓などに限定し成年後見人をお受けしています。これで手ぶらでお浄土まで行くことができます」

と長谷雄さんは、話します。

○ラジオのパーソナリティとしての取り組み

長谷雄さんは地元ＣＢＣラジオで終活、仏事、仏教について話をされています。リスナーからのお声はさまざまです。特に40代より上の世代からのお声が多く、さまざまな悩みが寄せられ、長谷雄さんはその一つひとつに丁寧に回答されます。ラジオを楽しみにしているリスナーも多く、なかにはラジオがきっかけで、大法寺と仏縁を結ばれる方もいるそうです。

○安心と倶会一処の教え

私が長谷雄さんの言葉で特に共感したものがあります。それは安心と倶会一処の教えです。安心とは浄土での往生を示し、阿弥陀様の導きにすべてを任せることです。倶会一処とは亡くなった世界、極楽浄土でまた故人様、ご先祖様に会うことができるという教えです。

「お浄土で故人様と再会した際にどんなお顔で会いたいですか？　会った時に、胸を張ってお話しできますか？」

長谷雄さんの取り組みは、これからもご供養に悩む多くの方の助けとなることでしょう。

多くの方に寄り添い進化し続けるお寺　瑞相寺　住職　三谷彰寛さん

瑞相寺では6年前より三谷さんが住職となったあと、多くの改革を行い、今も挑戦は続いています。行政と連携して経済的にご事情のある方のご供養の支援や、お布施、お墓、納骨堂、永代供養墓、樹木葬などさまざまなご供養の形を用意しています。お寺終活、お寺カフェなど、私の知る限りここまでひたむきに挑戦し、多くの方の信頼を得ている住職はそうそういません。ここでは説明しきれないくらい多くの活動をされていますが、三谷さんが取り組むお寺の改革の一部を紹介させていただきます。

○原点となった先代住職である父の死

「6年前（2014年6月14日）に先代住職である父が56歳で急死し、25歳の時に住職となりました。父の葬儀の際、導師に「倶会一処、あなたのいのちも尽きていずれ再会した時に『よくがんばったね』と言っていただけるような、前向きな人生を歩みなさい」と説いてもらい、私はそれで救われました。同じように、亡くなる人とたくさん接してきましたが、前向きな人生を歩んでいきたいと考えるようになったのが、私の僧侶としての原点です」

三谷さんのお寺は先代、先々代の頃より地域、お檀家さんと厚い信頼を築いてきました。そんな父、祖父の背中をみて育った三谷さん。先代住職の急な不幸のなか決意を新たに住職としての歩みをはじめます。

ここで瑞相寺が掲げる五つの使命を紹介させていただきます。

①お念仏のみ教えを通じて、自他の命を見つめ、前向きな人生を歩んでもらう
②信仰や志でつながる、自由で誠実な付き合いをする
③お布施の金額は一切問わず、現代の事情に合った真心のこもった供養をする
④伝統と革新の融合で、お寺の持つ可能性を追求し、地域や社会の問題に取り組む
⑤瑞相寺が永代にわたって存続できるよう、常に進化し続ける

○お葬式のお布施公開の意図、お檀家さんの反応

瑞相寺では五つの使命のもと、お檀家さんや地域に向け、お布施を見える化し、金額についてもグラフを使い詳細を公開しています。多くの金額を包む方もいれば、本当に経済的に苦しい方のなかには無料の方もおられます。

「もともと瑞相寺は市内の寺院のなかでも檀家が多く、十分経営が成り立つお寺でした。護持会費、

強制寄付などではなく、お布施の金額に関しても先々代、先代も一切言わず、檀家からの信頼も厚いお寺でした。一方で、経済的な事情でお葬式や納骨ができない人がたくさんいることを知り、多くの近隣寺院に協働を求めましたが、否定的なものばかりでした。それならば瑞相寺が率先して改革をしていこうと思い立ちました。自らお布施の金額を公開し、お布施の金額の低下に拍車をかけるのは寺の経営を考えると諸刃の剣ですが、お布施というフィルターがなくなった分、檀家とお寺、お互い真正面から本音で向き合える信頼関係を築くことができました。当初檀家の反発もありましたが、寺を思う建設的な意見ばかりで、真摯に向き合うことで、今は積極的に瑞相寺の活動を応援してくれるようになりました」

私もこれまで多くのお寺と話をする機会がありましたが、三谷さんほどしっかりと決意し、志を前面に出して取り組みを行っている方はそうおられません。宗派の本山クラスから私のお寺も含め、多くのお寺ではお檀家さんに護持会費や場合によっては寄付のお願いをしており、お葬式のお布施の目安がある場合もあります。

三谷さんの言葉には信仰とそれを支える信念が感じられます。お檀家さん、地域と向き合う姿には、ただただ尊敬の念を隠せません。だからこそ多くのお檀家さんも三谷さんを信頼し、ついていくのでしょう。

○前向きな人生を歩むためのお寺

瑞相寺にはお葬式やご供養に悩まれる多くの方が相談にこられます。瑞相寺のお寺終活では、信頼できる終活パートナーを無償で紹介する他、お仏壇、お葬式、改葬手続きや医療、遺言、死後事務委任契約など、多岐にわたる終活の悩みを相談することができます。

「瑞相寺に相談にこられる方、新たにご縁を結ばれる方は、ずっと瑞相寺のことを知っていて、やっとの思いでこられる方が多く、重大な悩みを長年かかえている方がほとんどです。お寺の敷居は高く、玄関に入られる際の緊張した表情と、帰られる際の穏やかな表情はまるっきり変わります。諸問題を解決することで、安心し、前向きな人生を歩んでいただきたいと私は考えます」

○自身のありたい僧侶像、お寺の理念

「僧侶像に関しては、信仰心が第一で誠実であること。自分の利害は度外視し、目の前の人の不安の解消を第一に考えています。正しい信仰に基づく行ためであれば道は開けるはず。お寺の理念は『瑞相寺の五つの使命』で定めている通り、信仰を中核に置き、社会に山積する諸問題を解決していくことです。今後は加速度的にお寺のコミュニティを拡大していくつもりです。ご縁をいただく方、お寺、護持する者にとっても、持続可能で負担のないような在り方を模索しています」

三谷さんは他にも行政や地域との連携の枠を広げるため、株式会社や一般社団法人の設立、寺院のM&A構想など、さまざまな形を模索しながら地域に根差した活動への挑戦を試みています。これからますます活躍が期待される青年僧侶のお一人です。

人生を見つめながらあらためて考える終活
一般社団法人終活カウンセラー協会　代表理事　武藤頼胡さん

これからの人生を考えるうえで、今後ますます大切になっていくであろう終活。ここでは2万人を超える終活カウンセラーの生みの親であり、世の中に終活を広めた第一人者である武藤頼胡《むとうよりこ》さんにお話を聞かせていただきました。

○コロナ禍であらためて感じた終活の意義

「私は自粛期間中、ずっと自宅待機をしていました。その間感じたことは、衣食住があれば最低限生きていくことができる。しかし、終活はその最低限必要なものには入っていないということです。そんな考えのなか自粛期間が明け一般の方向けのセミナーを再開した際にこのようなことが起きました。なんとセミナーが希望者で満席以上となり、複数回に分けて開催したのです。なぜこれだけ多くの方が終活セミナーへの参加を希望されたのか？　自粛期間内に、自分やご家族、ご夫妻の在り方を見つめ直し、いのちは年齢の順だけではない、これから先何があるかわからないと考えた方が、自身の終活のスタートとして参加されたと私は考えました」

○寄せられるお一人様・ご夫妻の終活相談、介護・社会とのつながりをいかにもつか？

「特にコロナ禍以降は両親についての相談から、自分自身やご夫妻の終活相談に流れが変わりました。おそらく先の理由で、お一人様・ご夫妻でいる時間が多くなり、自分たちの将来について考える時間が多くなったことが理由と考えます。セミナー終了後参加者の皆様よりさまざまな相談を受けます。これまで多かったのはお金についての相談でしたが、現在セミナー後に自分の将来で心配なことは何かという項目でアンケートをとると、一番にあがるのは健康です。終活で心配なことに限定するとお墓でした。健康については本を読めば学ぶことができます。それでも、多くの方が健康に気を遣うのは、介護になったら面倒をみてもらうことが心配なのです。特に最近は一人世帯やご夫妻のみ、子供たちは近くに住んでおらず、将来の介護などのリスクを考え、健康寿命を延ばすことの大切さが問われています。なかでも大切なのは社会とのつながりであると私は考えます」

○社会・人とのつながり、ものの準備と心の準備を行うことが終活

私が武藤さんのお話で共感したことが二つあります。一つ目は社会、人とのつながりの大切さ、二つ目がものの準備と心の準備を行うことが終活であるということです。

一つ目の社会、人とのつながりの大切さですが、私自身僧侶として多くのお檀家さんと接する機会がありますが、特に社会活動や趣味を続けているお檀家さんは元気な方が多くみえます。武藤さんは現在、認知症などの方が家にいながらお顔が見え、それらの方がご家族、お医者様など社会とのつながりを持ち続けられる仕組みを模索しているそうです。

二つ目はものの準備と心の準備を行うことですが、このようなお話を伺いました。ある方が武藤さんにお墓の相談をされました。細かい立地や条件などを決め、それに見合う墓地を探し続けたのです。その間武藤さんは墓地を探しながらも、本質的なお墓の意味や価値を相談者様に伝えました。その方が最後に行き着いたのはあるお寺の和尚様のお人柄でした。信頼関係をもち、価値を感じてもらうこと。ものの準備と心の準備を行うことの大切さを感じました。

心の準備でもう一つ心に残った話があります。それは終活カウンセラー協会内での終活の事例共有の構想です。終活でこんな活動を行った、終活を行うことで人生がこのように変わったなど、会員のなかで終活を通じて変わったことを共有したという考えをもたれているそうです。

禅では脚下照顧《きゃっかしょうこ》という言葉、考えがあります。足元がそろえば心がそろう。ものの準備を行い

そろえていくことで心を整えていくことが、これからの終活で大切ではないでしょうか。

故人最期の尊厳を守る　おくりびとのお葬式　木村光希さん

納棺士としてこれまで約３万人のご遺体と向き合い、納棺に務める木村光希さん。映画『おくりびと』での技術指導やＮＨＫの『プロフェッショナル 仕事の流儀』への出演など、正面からご遺族、ご遺体に向かう姿勢は、ご遺族はじめ多くの人の心をつかみます。現在おくりびとのお葬式として各地に葬祭の場を営む木村さん。おくりびととして、納棺士として多くの方に向き合う木村さんの取り組みを紹介します。

○コロナ禍で感じたご遺族の思い

「コロナ禍以降、ご遺族より小規模なお葬式の依頼を受けることが多くなりました。なかでも私が感じたことは、本当はしっかりとお葬式を行いたいのに実行することができないご家族の思いです。特に感染を気にしてご親族やご友人を呼ばれない方もおられます。それでもしっかり手厚くお見送りをしたい。このようなお声をいただくことが多くなりました」

特に木村さんが納棺の際に大切にしていることがあります。それは故人様への弔いやご生前の思い、感情をだしてもよいという環境づくりです。

「納棺ではお肌の冷たさ、女性でしたらお化粧ののりの違い、亡くなったお父様の頭を持ち上げるなど、日常と非日常が混ざった経験をしながら、ご遺族と一緒にご遺体を棺に納めます。ご遺族が死と向き合える時間を大切にしています」

○納棺から司会まで、すべてをともに行うお葬式

木村さんが執り行うおくりびとのお葬式には特徴があります。それは納棺からお葬式の司会まで、お葬式にかかわるすべてを同じ納棺士が行うことです。

通常の葬儀社に依頼する納棺は専門の方がおり納棺を進めます（葬儀社が外部に委託し行う場合もあります）。状況にもよりますが通常は一時間程度。しかし、おくりびとのお葬式では納棺だけでなく、お葬式にかかわるすべてを同じ納棺士が務めます。

「直接に故人様に触れることで、肩幅、お化粧、直に感じる冷たい体。自然とご遺族との距離も近くなり、ご遺族の故人様を大切に思う心が伝わりともに納棺を行います」

大切なご遺体に丁寧な心のこもった納棺をご遺族とともに行う納棺士。その納棺士にお葬式の司

会までお願いでき、弔いをすべて向き合い行うことができるのです。

木村さんが納棺士を目指したのは父の姿がきっかけでした。納棺士である父のもと、幼少の頃から納棺の作法に触れた木村さん。21歳で納棺士となり23歳で起業。多くの苦労を重ねながらも26歳でおくりびとのお葬式を行うディパーチャーズ・ジャパン株式会社を設立しました。

木村さんが納棺士として最も大切にしていることがあります。それはお別れの質を追求し続けることです。お別れの質が変わればご遺族をはじめ多くの方の人生が変わります。木村さんの挑戦は続きます。

ライフ・エンディング業界の課題と現状　吉川美津子さん

社会福祉士であり葬送・終活ソーシャルワーカーでもある吉川美津子さん。多くのメディアに出演され現在も、福祉、介護の最前線で働かれています。お葬式・ご供養と近いようで遠い介護・福祉業界。

本書の内容もお葬式やご供養が中心となっていますが、吉川さんはエンディイィング業界と介護、福祉の業界の隙間を埋めるべく、活動や情報発信をされています。そんな吉川さんにお話を聞かせていただきました。

○コロナ禍で感じる介護、福祉、葬送の場で起きていること

「私は社会福祉士として、現場の介護職として高齢者と接していますが、コロナ禍でも、平常時と同じように多くの方が旅立たれました。ただいつもと違うのは、面会できる場所が限られていること。これにより通常とは異なる体制となっています。また、私の働いている施設では、入所者様が亡くなったあと、ご葬儀が行われない、または火葬のみのため、スタッフがお別れに行くこともできません。居室に残された荷物も、ご家族が整理することができず、スタッフが詰めて、受け取りにいらしたときに玄関で渡します。ご家族と会話ができるのはそのスタッフのみです」

ここで吉川さんよりお二人のお一人様の最期についてお話をいただきました。

「ある女性が亡くなりました。その方は生涯独身できょうだいもいません。70歳を過ぎて認知症を発症し、介護度が上がり施設に入所されました。面会にくるのは成年後見人と、学生時代からのご友人のみでした。亡くなる半年ほど前からはご友人の名前もわからなくなっていましたが、ご友人の顔を見るとその女性はいつも笑顔になっていました。その後、女性は亡くなり、成年後見人が火葬に立ち会い、ご友人も火葬に参列しました。ここで問題が起こります。女性のご遺骨の引き取り

は成年後見人だったのです。ご友人は何とか女性と一緒のお墓に入ることができないか模索します。故人様の遺言書もなく、交渉は困難かと思われました。しかし、成年後見人との交渉がすすみ、女性とご友人は将来同じ永代供養墓に入ることができるようになりました。

もう一人が１００歳を超える高齢の女性の話です。旦那様やごきょうだい、お子様もいたのですが、すでに亡くなっており、成年後見人が遺体を引き取り火葬の立ち合いを行いご遺骨となって、成年後見人の手元にあります。旦那様とお子様のお墓を調べたのですが、市営霊園に20年間管理費を支払わず放置していたため、すでに撤去されていた様子でした。遠縁のご親族に連絡をとるも、遺骨の引き取りはできないと拒否されました。成年後見人は、ご遺骨を市の無縁墓に納めようか、それともどこかの寺院で預かってもらえないか現在も悩んでいるそうです。お二人の例はほんの一部ですが、これからこうした例は社会問題となり、他人事ではすまされないでしょう。福祉・介護業界のみではこうした問題をすべて解決することはできません」

〇四つのペインに向き合う

吉川さんはこうした介護・福祉とエンディング業界とのギャップを埋めるべく、多くの提言をされています。

その一つが、四つのペインへの向き合い方です。

「私は生と死の間にある制度の狭間、業界の隙間を埋めたいと思い活動しています。同じような志をもっている方は最近増えてきましたが、知れば知るほど、なかに入れば入るほど、その谷間は大きいと感じています。○時○分という臨終の判定をもって死としていますが、あくまでこれは法律上の死に他なりません。その死をもって制度や業界が分断されています。診療報酬、介護報酬も、改定の度にターミナルケア、看取り加算が見直され、この部分が手厚くなっています。病院死ではなく、施設での看取り、自宅での最期を迎えるための制度改革が着々と進んでおり、葬儀社も『生の領域』で何が行われているのかを知っておく必要があるでしょう。

終末期には四つのペインがあるといわれています。医療や介護のテキストに必ず書いてあるものです。四つのペインとは、身体的苦痛、心理的（精神的）苦痛、社会的苦痛、スピリチュアルペインです。このうち、身体的苦痛、心理的苦痛は医療、介護の現場でできるだけ取り除こうと試みがなされていますが、社会的苦痛、スピリチュアルペインについてはまったくといっていいほど触れられていません。ご葬儀やお墓の心配、経済的な心配、相続の心配などは、社会的苦痛にあたります。死が怖い、死んだらどうなるのか、罪の意識、恐怖などは、スピリチュアルペインにあたります。こういったペインを取り除くために、各民間業者や士業、寺院、宗教者の関与が必要であることに、医療、介護業界も目を向けるべきだと思います」

◯一般の方がこれからの終活で心がけること

「セミナーなどで『あなたにとって終活とは何ですか』と尋ねると、さまざまな意見が飛び交います。『これまでの自分の振り返り』『思いを整理しておくこと』『身辺整理』『財産や手続きなど、トラブルになりそうなことだけでよい』など、さまざまです。私は、終活は人によって、その時の状態によって異なると思います。例えば、今現在の私が終活を、といっても、正直ピンときません。私が介護でケアしている高齢者のなかには、どんどんできないことが増え、日々その衰えと向き合っている人もいます。その方たちにとってみたら、その衰えとどう向き合っていくかが終活なのだと思います。あまり気負わずに、『家の整理をしておこう』『大切なことを伝えておかなきゃね』『今後の記念日に写真を撮っておこう』程度からはじめてみてはいかがでしょうか」

【コラム②】それでもやっぱりご供養、お布施、お金が心配

松岩寺には多くの相談が寄せられますが、なかでも多いのはご供養、お布施、お金についてです。本書でもなるべく丁寧に解説させていただきましたが、特に現代社会と「お布施」は切っても切り離せません。

ここで松岩寺のご供養、お布施、お金のスタンスについて書かせていただきます。読者の皆様も今後のお寺とのお付き合いの参考にしていただければ幸いです（なお、当然のことですがあくまで松岩寺の例です。お寺、僧侶などにより考えも異なりますのでご了承ください）。

松岩寺　供養・お布施の六箇条

第一条　松岩寺の原点は弔いの心　どんな方でもお布施の金額に関係なく法要に務めます

松岩寺は地域で発生した鉱山事故の犠牲者を弔うために建立された供養が原点のお寺です。曹洞宗で最も大切にしているお釈迦様・道元禅師・瑩山禅師の一仏両祖様は坐禅とともに弔いの

心を大切にされています。曹洞宗の教えのもと、弔い・供養の心のある方にはどんな方でもお布施の金額にかかわらず心を込めて弔いの法要をさせて頂きます。

第二条　お布施・お寺への要望は正面からお答えします

お布施・お寺への要望については、人づてでなくなるべく直接お寺までお問い合わせもしくはご来山下さい。言いにくい場合は、護持会役員や他のお檀家さんなどと一緒のご来山でも構いません。いただくご要望には出来る限り正面からお答えします。

第三条　お布施の金額を聞かれたら目安はお伝えします　最後は施主様のお気持ちです

お布施の金額の感覚は人それぞれかと思います。合同法要などで目安をお伝えすることもありますが、最終的にはお施主様のお気持ちです。お納めいただく金額で供養の内容が変わることはありません。

第四条　葬儀のお布施はお互いの同意・確認を大切にします

葬儀に関しては、書面を作り説明を行うことを大切にしています。特に葬儀はお寺にとっても故人様にとっても一世一代の法要です。喪主様のご希望を事前に確認します。院号など特別な要望がある場合は別途ご相談をお受けします。お布施の金額については事前に確認しますが、経済的にご事情のある場合はご相談に応じます。

第五条　ともに悩み解決策を模索します

近年は少子高齢化・過疎化などに伴い、葬儀・お墓など供養の考え方も多様化しています。答えは一つではありません。皆様と悩み何がご家族・ご親族にとって最良の選択か、何よりもご先祖様・故人様の安心を考え、金銭面なども含め、ともにご相談に応じてまいります。

第六条　未来永劫大切な故人様・ご先祖様を守りぬくお寺であるよう努めます

「松岩寺の使命はお檀家さんをはじめ皆様からお預かりしている大切なご先祖様・故人様・お寺を未来永劫守りぬく事です」。試行錯誤しながらもこれからのお寺のありかたを考え精進してまいります。

◇　◆　◇

以上、松岩寺のご供養、お布施、お金の在り方について書かせていただきました。正直この悩みは、お寺にとってもお檀家さんにとっても尽きることはないと思います。こでまでにも紹介させていただきましたが、世の中にはこの問題に僧侶として住職として正面から向き合い、取り組まれている方もおられます。答えは一つではありません。読者の皆様にもよきお坊さんとのご縁があることを願っております。合掌

第3章　新しい生活スタイルで
お葬式・ご供養をどう考えるか？

オンラインでの供養
写真提供：ライフエンディングテクノロジーズ株式会社

第3章では、今、お寺、エンディング業界で何が起きているのか？　お葬式・ご法事にどのような変化があったのか？　私自身が経験したこと、新しい生活スタイルへ向けて取り組むお寺などを紹介しながら、これからのお寺、エンディング業界がどうなるのかについて、私なりの考えを書かせていただきます。各所より寄せされるお寺の声、お檀家さんや地域に向けて何がこれからのお寺に求められているのか？　なるべく多角的な視点から、僧侶、エンディング業界で活躍する方へのインタビューから、現在、僧侶、エンディング業界はじめ、日本は大きな変化の時期にあると私は考えました。今後、ご自身やご両親、あなたの大切な方のためにどのようなことができるのでしょうか？

YouTube、オンラインでのご法事の配信に挑戦
お寺としてオンラインご供養の可能性を探る　妙法寺　住職　久住謙昭さん

まずコロナ禍で話題となったお葬式・ご法事のオンライン化の取り組みについて、横浜市の妙法寺の住職である久住謙昭さん、ライフエンディングテクノロジーズ株式会社の白石和也さんの事例を紹介します。

久住さんは緊急事態宣言前、新型コロナウイルスによる感染症の流行の兆しがみえはじめた頃、多くのお檀家さんが不安に感じるなか、いち早くご法事のオンライン配信に取り組まれました。

○きっかけは納骨法要とＶＲで参加した結婚式を知ったことから

久住さんがオンライン法要を行うきっかけとなった出来事は二つあります。一つが車椅子で納骨に参加できなかった奥様の話。もう一つが結婚式に参加できないおばあ様が、ＶＲ（仮想現実）を使いお孫様の結婚式に参加した話を知ったことです。

最初の話ですが、久住さんはこのような経験をされました。お葬式、四十九日の法要を終えて納骨を行った際の話です。ご自身は車椅子のため、亡き旦那様の四十九日の法要、納骨に参加参列できなかった奥様。納骨はお子様、お孫様に任せ、久住さんはご親族とともに納骨法要のためにお墓に向かいました。その際、スマートフォンを操作するお孫様の姿を目にしました。最初は不思議に思った久住さんでしたが、何とお孫様は、おばあ様へスマートフォンのＴＶ電話を使い納骨の様子を中継していたのです。

もう一つは結婚式の話です。結婚式に参加できない施設に入っているおばあ様のために、お孫様がソフトバンクのペッパー君にカメラを設置し、おばあ様はＶＲでお孫様の結婚式に参加することができたというものでした（こんな方法もあるのか。世の中が変化していくなか、自分にお檀家さんのためにできることはないだろうか。これからはお寺での法要のオンライン配信も必要な時代となるのだろうか)。このような考えをもちながら日々を過ごした久住さん。そんななか世の中に大きな変化と不安が訪れます。新型コロナウイルスの感染拡大です。

多くのお檀家さんが新型コロナウイルスの報道や感染に不安を感じるなか、自身が僧侶として何ができるのか？　このような思いのなか、目にしたのが、彼岸寺というWEBサイトで僧侶の松本紹圭さんが「ひじりでいこう」というコーナーで書かれていた言葉でした。高齢者とのかかわりが多いお寺は、感染リスクを理由に、お葬式の簡素化、ご法事の延期や中止、お墓参りを控えるなど、慣習が途切れる要素に事欠きません。特に、そのことが単なる慣習だったとしたら、

「これまでは世間体があるから面倒でも続けてきたけど終わらせるにはいい機会だ、と考える人がいても不思議ではありません。単なる習慣は途切れるとそこで終わり二度と復活はしません」

久住さんはこの言葉が胸に刺さり、ご法事のインターネット配信を試みます。

○コロナ禍におけるご法事の対応、YouTubeでの限定配信

妙法寺では緊急事態宣が出される以前より、お檀家さんの法要での不安をできるだけ軽減するため、ご法事は代表者10名以内程度の参加を推奨し、参列者には全員マスクを着用するよう求めてきました。参列者がおらず、ご住職のみでご法事を行う場合、ご住職がお塔婆とともにお線香を墓前

に供え、法要の様子などを画像と動画で撮影。施主様には後日、お手紙に写真とＱＲコードなどを添えてＹｏｕＴｕｂｅでご法事の様子を限定公開するという取り組みをスタートしました。

特にご法事の様子をＹｏｕＴｕｂｅで限定公開し、後日写真とＱＲコードを添えて施主様に送付する取り組みは私にとっても新鮮でした。オンライン法要を経験した施主様の反応はおおむね好評で、法要に参列できないながらも、丁寧な法要を執り行い動画まで送付された久住さんの心遣いへの感謝の気持ちやお礼の言葉を電話で伝えたり、なかには感謝の気持ちを綴った丁寧なメールをいただくこともありました。

○現在の妙法寺の仏事、オンライン化によりあらためて従来の大切さに気がつく

それでは現在（２０２０年11月7日現在）の妙法寺はどうなっているのかでしょう？　実は現在は今まで通りの対応に戻したそうです。以下が妙法寺の寺だよりの内容です（内容を一部抜粋）。

「緊急事態宣言が解かれ県をまたいでの移動も緩和されたことを受けて、今まで通りの対応に戻してまいります。今後、コロナの第2波の懸念やさまざまなご事情（施設に入所して来られないなど）の場合は『ご法要の様子を書面で報告、動画をＹｏｕＴｕｂｅでお届けと、法要の様子をＺｏｏｍでライブ中継する』など臨機応変に対応したいと思いますので、どうぞお気軽にご相談ください。

妙法寺では、新型コロナウイルスの感染拡大によって春の彼岸会、年回忌法要、祈願、法話などい

ち早くオンライン化し、発信してまいりましたが、やはりオンラインだけでは伝わらないことが多いと感じております。今後はオフラインのリアルな場でしか伝わらない空気感や臨場感、人間同士のぬくもりを大事にしながらも、時代に合わせてオンラインでも十分に対応できるよう、それぞれの良さをうまく活用し、使い分けていきたいと考えております」

今回の取り組みから、あらためて従来のリアルな法要の大切さに気づき、同時にオンラインの可能性を感じた久住さん。現在は今回のオンライン化法事で学んだことを活かしつつ、コロナ禍のために中止となっている毎月日曜日に開催していた、供養会、法話やワークショップを行う浄心道場のオンライン化を企画しています。新型コロナウイルスの感染拡大により変わりゆくお寺の形。妙法寺はじめ日本全国のお寺は試行錯誤しながら、これからのお寺の形を模索中です。

妙法寺のオンラインでのお彼岸供養

お葬式・ご法事もオンライン化、スマート葬儀の取り組み
ライフエンディングテクノロジーズ株式会社　白石和也さん

次に、新型コロナウイルスが猛威を振るうなかスタートしたオンライン供養の取り組み、オンラインで参列者をつなぐスマート葬儀を開始したライフエンディングテクノロジーズ株式会社を紹介します。この取り組みはコロナ禍のなか多くの大手メディアにも取り上げられ､会社も急速に成長。オンライン葬儀、ご法事では私の知る限り今日本で一番先進的な取り組みをされている会社です。

○スタートのきっかけは新型コロナウイルスの感染拡大

「オンライン法要をスタートしたきっかけは、新型コロナウイルスの感染拡大でした。元々必要性を感じながらも今回の出来事がきっかけで、本格的に取り組みをスタートしました。私も身内の葬儀や知人のお葬式に参列するなかで感じていたのが、遠方でお葬式に行きたくても行くのが困難なご親族や、体が弱く、現地までかけつけることが困難な方の存在でした。彼らに対し、何かできないか？　これからはお葬式の世界もオンライン化できるのではないか？　このような思いが背景にありました。特に葬儀業界はアナログな部分がまだまだ多く、今後はオンライン化をすすめること

が、業界としても必要であると考えていました」

○寄せられた多くの反響

「大手のメディアはじめ、多くのマスコミで当社の取り組みが紹介されました。意外だったのは葬儀社の方、一般の方、両方より多くの問い合わせがあったことです。一般の方からは『ちゃんと画面越しでも挨拶をすることができた』『弔いに参加できて本当にありがたい』『オンライン葬儀に対応している葬儀社を紹介してほしい』といった声が寄せられました。驚いたことにマイナスの意見は一つも寄せられることがありませんでした。また、葬儀社からも地域の大手葬儀社、個人経営も含め多くの問い合わせをいただきました」

○スマート葬儀のサービス内容

ここで、ライフエンディングテクノロジーズ株式会社が行う「スマート葬儀」の内容を簡単に説明したいと思います。

①通夜、告別式の様子をリアルタイムで確認

お葬式やご法事の会場に足を運べなくても、通夜、告別式、法要、お別れ会などの様子をオンライン葬儀システム上からリアルタイムかつリモートで確認できます。

②香典のキャッシュレス決済、弔電、供花、供物、返礼品などの手配
　パソコン、スマートフォン、タブレットからオンライン葬儀システム上で香典のお預かり、弔電、供花、供物、返礼品などの手配がクレジットカード決済で可能です。
③訃報のオンライン化、お葬式への参列、記帳
　ＬＩＮＥ、ＦａｃｅｂｏｏｋなどのＳＮＳ、メールなどでの訃報お知らせ、パソコン、スマートフォン、タブレットからお葬式へのオンライン参列、芳名帳への記帳が可能です。
④故人様のお写真をメモリアルアルバムで閲覧
　故人様のお写真や思い出の品をオンライン葬儀システム上のメモリアルアルバムで参列者様が閲覧できます。ＥＣ機能でのメモリアルアルバムの販売も可能です。

　以上、四つが主に提供しているサービスです。これらには提携する葬儀社でも行うことが可能ですが、前述の通り一般の方より相談があった場合、葬儀社にやり方を教え、遠隔で指示しながら、法要を行うこともあるそうです。

○オンライン法要の今後、選択肢の一つとして
　ライフエンディングテクノロジーズ株式会社では緊急事態宣言解除後、スマート葬儀に関して約１００社の葬儀社と提携を行いました。さらに内容を随時ブラッシュアップし、サービスを提供し

ています。白石さんは、

「大きな目標は葬儀社業界全体のＤＸ（デジタルトランスフォーメーション）です。現在はご葬儀の規模の小型化が進む一方、従来の形でご葬儀を施行する葬儀社も多く、ＤＸを意識したオンライン化をすすめることで効率化できるものと考えます。将来はご葬儀のみでなく、終活分野全体を一元管理できるシステムを構築できればと考えています」

「ご葬儀、ご法事のオンライン化は選択肢の一つとして残る一方で、一番大切なことは現地でお別れを伝え、故人様、ご遺族に直接会い弔い心をお伝えすることです。一方で何らかの理由で現地に行くことができない方はオンラインサービスを利用し、最後のお別れを行う。方法の一つとしてのオンラインが新しい生活スタイルのなかに組み込まれていくのではないでしょうか」

と話します。

○お寺の間でも活発に意見交換や学びの場があるオンライン化

コロナ禍のなか、寺院でもオンライン化が進んでいます。最近はリアルでの集まりは減り、Ｚｏｏｍなどのアプリケーションを通し会議や勉強会が頻繁に行われるようになりました。なかでも今回の法要のオンライン化は大きなテーマです。久住さんや白石さんのような事例を共有し、新たに法要のオンライン化に取り組む方がいる一方で、私の住んでいる気仙沼市をみてもオンライン化に積極的に取り組んでいるという寺院はごくごく少数のようです（こういった勉強会も頻繁に開催されていますが、宗派や地区のお寺の集まりでは、まだまだ少ないように感じます。参加されている方は僧侶全体の一部でしょう）。実際に、オンライン化（特にご法事）に取り組んだお寺の話を伺うと、「ご遺族に大変喜ばれた」という声もあれば、「お寺からオンライン法要の案内をしたが申し込みはほとんどなかった」というお声を聞くこともありました。

寺院のオンライン法要はゆっくりとしたスピードで進む？

ここからは、お寺が中心となり行うオンライン法要について私の予想となります。私は、オンライン法要が爆発的に普及するのはまだまだ先であると考えます。理由は以下の通りです。

①住職の高齢化

お寺の世界は年功序列です。高齢の住職、これまでの伝統的なやり方を重視する方も大勢おられます。若い住職や副住職を中心に、取り組んでいく方もいるとは思いますが、お寺全体の流れとなるにはまだまだ時間がかかるでしょう。

②お檀家さんの高齢化

特にお寺を支えるお檀家さんには高齢の方が多くおられます。従来のやり方を大切にする方、今までの仏事を継承したいと考える方も多く、オンライン化にはハードルが高いと感じます。

③やはりリアルが一番

多くの方が感じているとは思いますが、やはりリアルが一番です。直接お寺に行き、雰囲気を感じながら手を合わせ、お経を聴き、故人様に弔いの心をたむける。これに勝る感性はないと私は考えます。

例を挙げればキリがありません。旅行に行き現地の空気を感じ、ご当地の名物をいただく。ホテルや旅館に泊まり温泉に入り、団欒の時間を過ごす。ご友人に会い、思い出話やたわいのない話をしながらお酒を酌み交わす。オンラインはあくまでオンラインです。リアルの経験に勝るものはありません。

④方法の一つとしてのオンライン化

一方で、方法の一つとしてオンライン化は時間をかけながらも、徐々に進んでいくと予想します(白石さんの会社のようなサービスが葬儀社やお寺の間で普及し、日常となればオンライン化のスピードは加速するかもしれません)。

先のお二人の話でもあったように、会場にかけつけたくてもかけつけることができない高齢者の方や海外に住んでいるご家族やご事情があり現地に行くことができない方にとっては、オンラインでの法要参加は非常にありがたい取り組みであると考えます。

○法要の完全オンライン化はあるか？

こちらも、たまに議論になりますが、お葬式・ご法事が完全にオンラインのみとなることはまずありえないと私は考えます。特にお葬式については、実際の死後の手続きに加え、リアルでしか感じることができない、多くの触れ合いがあります。だれも参列者がいないなか、オンライン中継のみですべて解決することはまずないでしょう。

前述しましたがリアルで会い、直接思いを伝えることが一番です。法要のオンライン化はリアルの補填という意味合いで、選択肢の一つとして残っていくと考えるのが妥当ではないでしょうか。

○これからお葬式・ご供養の形はどうなる？　現在起きていることから未来の形を考える

前述させていただきましたが、コロナ禍によりお寺、エンディング業界では頻繁にオンラインでの勉強会が開催されているのを目にするようになりました。なかでも私が参加しながら感じるのは「漠然とした危機感」です。

以前、あるコンサルタントから、「コロナ禍になりお寺からの相談が多くなった」という話をお聞きしました。新聞には寺院の収入減少や各宗派での支援に関する記事が載り、先行きの不安を示す言葉が並びます。一方で、目の前のお檀家さんや地域、社会に向け情報を発信し挑戦し続けるご住職もおられます。

◇　◆　◇

ここからは現在お寺で何が起きているのか？　取材や自身の経験から、これからのお葬式・ご供養の在り方について私なりに考えを書かせていただきます。答えは一つではありません。本書を参考にしながら、こんなことを言っている、考えているお坊さんもいるのか、という視点でご一読いただければ幸いです。

コロナ禍の影響で変化している、大阪の葬儀式状況
泰聖寺　住職　純空壮宏さん

ここで、大阪市天王区の泰聖寺の住職、純空壮宏さんがコロナ禍のなかスタートした取り組みや、純空さんが考える「これからのご供養、お葬式、お寺のあり方」について紹介したいと思います。

「新型コロナウイルスの感染拡大をキッカケに、ご葬儀の小規模化がさらに加速してきたように感じます。近年、大阪では一般葬は大幅に減り、家族葬でも20名も参列しない小規模の式事が多く、なかには10人以下でのお葬式もあります。今まで本音と建前を使い分けていた人間関係や義務的な付き合いとなっていた葬儀式は、どんどん減っていくのかもしれません。日頃の付き合いが薄くなった遠方のご親族は、お葬式に呼ばれることが少なくなるでしょう。また、ご親族としても新型コロナウイルスの感染拡大により大阪（都市部）に出向くことをためらうなど、人と人とのお付き合いが限定されてきたように感じます。一方で法要を随時行ってきた葬家からは、ご葬儀の際に満中陰四十九日の予約をされるなど、故人様への恩を大切に思い、丁寧にご供養をされる方もおられます。心の絆があるご家族・ご親族については、しっかりとした供養心があり、故人様を弔いたいという気持ちは、これからも永久に変わらないものと現場で切に感じています。将来的に、お葬式や仏事は本当に供養心がある方が中心となるでしょう」

○お布施収入の３割減、純空さんの取り組みとは？

泰聖寺では２０２０年３～９月の期間で、約３割も布施収入が減ったそうです。前述のように新型コロナ感染防止のためご法事を自粛延期し、多くの人が集まる団体法要（彼岸、施餓鬼）は中止することを決めるなど、新型コロナウイルスが泰聖寺に与えた影響は小さくないようです。しかし、純空さんはコロナ禍以前から精力的に外部布教活動に努めており、ご住職に就任して以来、新たに1000件以上の方々と新しい仏縁を結んでいるので、寺院運営は安定しているとのことです。

今回の取材で私が興味をもった話が二つあります。

泰聖寺ではさまざまな新型コロナウイルス対策を実施してきましたが、一つ目は、住職自らPCR検査を受け、陰性の結果を山内に張り出したことです。法要前後の定期的な換気や消毒はもちろん、法要時には病疫退散のアマビエ祈願も同時に行うという、参列される方への徹底した気遣いは、多くの皆様にも伝わることでしょう。

もう一つが、自坊のホームページをお寺の山門（入口）に見立て、仏縁をつなげるきっかけとしてサイトを運営していることです。一昔前までは、お寺にホームページがあることすら珍しい世界でしたが（今では開設しているお寺も増えてきました）、ホームページをもう一つの山門と見立て、泰聖寺のホームページに辿り着いた方に対して、はじめてお寺にくる検索者でも迷わぬように、知りたい情報を閲覧できるようにするなど（お布施や永代供養料の目安などを明記）、さまざまな工夫がなされています。

○加速する永代供養つき納骨堂、樹木葬、合葬墓への移行

「少子高齢、多死社会、核家族化、２０２０年のコロナショックにより、先祖代々墓の家族墓から

個人墓（納骨堂・樹木葬）、共同墓（合葬墓）への移行が加速していくでしょう。他の方とお骨が一緒になる共同墓を躊躇する方には、個別で納骨可能な永代供養付きの納骨堂や樹木葬をおすすめしていますが、最近の傾向として、ペットと一緒に入れる納骨堂や樹木葬のニーズが高く、ペットのお葬式やご供養を希望される方も多くおられます。泰聖寺（てんのうじペット霊園）は、施主様にも無理のない料金をお布施として設定し、できる限り施主様の供養心や愛情に寄り添えるように努めています。元来、お寺は悩みを抱えている方の相談を受け、困っている方を救う場であり、恩返しの追善供養は大切な仏道修行の一環です。新しい仏縁を多くの方と結び、互いに供養心を育み、次世代につなげながら、江戸時代からお寺を支えていただいた泰聖寺のお檀家さんをはじめ、新規仏縁者にも恩返しができるよう精進してまいります。合掌」

コロナ禍でのご供養、漠然な不安

ここからは皆様の意見や私の経験を踏まえながら、新しい生活様式のなかでご供養がどうなっていくのかを私なりに書かせていただきます。

新型コロナウイルスの感染拡大で私が感じたことがあります（おそらく多くの方も同じ感覚を持ったかと思いますが……）。それは漠然とした、どうしたらよいのかわからないという危機感です。連日報道される感染者数の増加、今後の見通しが立たない現状、日々移り変わる報道内容……。これから先、日本、そして世界はどうなっていくのか……、見通しの立たないなかで、多くの方が日々を悶々と過ごされていると思います。

○ご法事の予約の延期、お檀家さんから寄せられるさまざまな声

特に檀務ではじめに変化を感じたのは、お檀家さんから寄せられるお声でした。「新型コロナが流行しはじめたが、今、法事をやっても大丈夫か？」「遠方の親戚が多いのだが、今回は法事を延期して様子をみていたい」、このようなお声をいただくことが多くなりました。

そんななか大きな出会いがありました。前述の久住謙昭さんにお話を聞く機会をいただいたことです。緊急事態宣言前にいちはやくお檀家さんへのお寺での新型コロナウイルス対策を打ち出した久住さん。そんな久住さんのご住職としての姿勢を見習いながら、私はお檀家さんへ向けてお寺からの案内を作成しました。

○アマビエの祈願に少人数のご法事、法要の様子を発信

松岩寺では私を中心にさまざまな取り組みを行いましたが、なかでも法要の様子を写真に収めお檀家さんに送付したことを挙げます。アマビエの御札を手描きし、お檀家さんの無《む》病《びょう》息災《そくさい》を祈願したことに対し、多くの皆様より反響がありました。

特にコロナ禍でお檀家さんより相談が多かったのは遠方に住まいがあることや、持病があり法要をしたいのだが新型コロナウイルスが心配で実行できないもどかしさでした。

「自分は今関東に住んでいるのだが、亡くなった母のご法事を行いたい。今は新型コロナウイルスの影響で、気仙沼市に行くことができないがどうしたらよいか？」「和尚さん、俺は持病があって、ご法事に参加するのは心配だけど、塔婆だけでもつくってご供養することはできないか？」

そのなかで私が取り組んだ行動の一つはご法事の様子を撮影し、参加することができないお檀家さんに、お手紙や御札とともに送付することでした。

慣れないスマートフォンでの法要の撮影。本堂にお塔婆を供え、ご住職が手を合わせ読経する姿。法要を終えて、永代供養墓や樹木葬墓所にお参りす

手描きしたアマビエのイラスト

る姿。なるべく参加できないご家族が、本堂での法要に参加し手を合わせる姿をイメージしながら、お手紙をつくり送付させていただきました。

お檀家さんからのお声はさまざまで、感謝の言葉を口にし、お寺に電話する方もいらっしゃいました。

「ここまでやってくれて、ホッとした。本当にありがとう」

なかにはお布施と一緒にお礼の品をお寺に届けられる方もおられました。

108 体のアマビエを描く

描き終えた 108 体のアマビエ

もう一つ、これは私にとっても小さな挑戦ですが、お檀家さん、参列者様の無病息災を願いアマビエの御札を描きはじめました。その数全部で１０８体。

幼い頃から絵が得意でない私にとっては挑戦でした。インターネットでお寺や神社、イラストレーターが描くアマビエを参考にしながら、慣れない手で小筆をもちひたすら描くこと１０８体。描き終えた御札は3月にご祈祷し、希望する地域の皆様、法要に参列されたお檀家さんなどにお分けしました。今思うと本当に下手くそなアマビエのイラストでしたが、お納めした皆様よりお喜びの声をいただきホッとしたのを今でも覚えています。

○お葬式では何が起きたか？

ご法事とともに考えたいのがお葬式です。松岩寺では年間数十件のお葬式の依頼をいただきますが、今回のコロナ禍のなか、私が感じたことは、弔いの心があっても、どうしてよいかという（現地にいってもよいのかわからない）、お檀家さんはじめ多くの皆様のお声でした。

なかでも私が印象に残る言葉があります。それは遠方より寄せられるお孫様の声です。故人様には大変可愛がられたお孫様。しかし、今回の新型コロナウイルスの影響で、ご家族に自粛をすすめられ現場にかけつけることができないのです。法要に参列するご家族などから、代読されるお別れの言葉、弔電には故人様への感謝とご生前の思い出がいっぱいでした。

また、気仙沼市は宮城県の県北に位置し、岩手県との県境に位置します。岩手県とも交流が多く、生活圏でもある気仙沼市には、岩手県とゆかりのある方も多くお住まいです。当時、岩手県は新型コロナウイルスの感染者がおらず、岩手県にお住まいの方が他県以上にピリピリしていたという話を何度か聞きました。

お葬式の場も同様です。兄弟姉妹やお孫様など近いご親族でも、県をまたぐということで、お葬式の参加を辞退したという話を何度か耳にしました。

この二つの話に共通するのが、弔いの心があってもかけつけることができないもどかしさです。大切な人が亡くなっても現地に行くことができない。それでも弔いの心があり、故人様やご遺族に対して何かできないか？　このようなお声を聞くことが多くなりした。

○お葬式・ご供養をやりたくないという声はなかった

今回のコロナ禍のなか、松岩寺でも多くのお檀家さんのご供養を行いましたが、気づいたことがあります。それはお檀家さんのだれ一人としてお葬式・ご供養をやりたくないという声を直接お寺に言う方はいなかったことです。私に寄せられる相談のすべてが、どうしたら故人様を大切に弔うことができるのかというものでした。故人様を大切に思う気持ちと、弔いの心を寄せるお檀家さんの思いでした。

コロナ禍でももう一つ私が気づいたことがあります。それはご供養、お参りの方の増加でした。２０２０年の夏は対策を行いながら初盆の合同供養を開催しましたが、法要に参加した方は遠方にお住まいで、ご住職にご供養を一任した方も含めると微増。お盆の合同供養や秋彼岸の合同供養も同様に微増でした。

私のお寺だけではありません。Ｚｏｏｍなどで開催されるお坊さん向けの勉強会に参加する方からも「お墓参りにくる方が増えた」「例年より合同供養の参加者が増えた」という話を耳にしました（一般社団法人日本石材産業協会が２０２０年２～４月にかけて加盟会員を対象にしたアンケート調査によると、お墓参りが増えているという回答は５・７％にものぼりました。お墓参りが減っているという回答も多いのですが、コロナ禍でこれだけのお墓参りが増えたということは、多くの方がご先祖様、ご供養の場であるお墓を大切にしている気持ちの表れといえるのではないでしょうか）。

もちろんお寺や地域により大きな違いはあるでしょうが、昨今は新型コロナウイルスの影響で、経済的に疲弊するお寺

松岩寺での初盆合同供養

の話も耳にします。しかし、多くの皆様の弔いご供養の心は変わらないことを再認識した時間でした。

問われるお寺の在り方　お釈迦様、初期仏教の姿を求めて
一人ひとりに向き合う　東北福祉大学学長・宝林寺住職　千葉公慈さん

ここで東北福祉大学学長・仏教専修科科長であり、宝林寺住職の千葉公慈先生のお話を紹介させていただきます。千葉先生は寺院の住職、大学での仕事の他に、テレビ番組『お坊さんバラエティぶっちゃけ寺』をはじめとする多くのＴＶ番組にも出演され、おだやかな語り口とわかりやすいお話で仏教をより多くの皆様に伝える活動をされています。私が僧侶として、また、教育者として尊敬する方です。千葉先生に新しい生活様式のなかで仏教、お寺、僧侶、ご供養、お葬式……、日々の生活で多くの悩みを抱える私たちへ向け、これからの在り方についてお話を聞かせていただきました。

「コロナ禍で私が感じたことは、仏教はお釈迦様の時代のように、一人ひとりに向き合う元来の形

へと戻っていくのではないかということです。今回の新型コロナウイルスの流行で、私たちの生活には大きな変化が訪れました。仕事、会社、家庭環境……。今まで当たり前であったものが変わり、加えて家制度の崩壊、少子高齢化、お一人様の増加など、現代社会が抱える問題もより顕著となりました。もともと仏教は一人ひとりの心の救いを大切にし、お釈迦様がそれぞれのお弟子様の疑問や悩みに向き合う対機説法が基本でした。お釈迦様は子供や老人、寝たきり高齢者まで、それぞれ対機の法を説かれました。これからはお経も説法もよりわかりやすく、なるべく熟語を用いない対話を通して、一人ひとりに向き合った救いとなる仏教であることが大切だと私は考えます」

――千葉先生がおっしゃる「新しい生活様式のなかの仏教、禅、今、ここ、私に向き合う」ということについて教えてください。

「過去の歴史を振り返っても、１００年、

千葉公慈先生

１０００年の長いスパンで今回のような疫病がありながらも、仏教は常に寄り添い、時には医者であったり、看護師であったり、教師の役割を果たしながらも、その時代その時代に求められる苦しみに向き合った役割を果たしてきました。仏教、禅は『今、ここ、私』に向き合った実存主義の教えです。時代の苦しみ、社会の苦しみに向き合いながら仏教は常にあります。例えば道元禅師様は洗面、洗浄の作法を細かく指導されています。典座教訓では食事、作法についての教えがあります。これは新しい生活様式に置き換えながら考えると、感染症、病疫の予防にもつながります。僧侶もこうした教えを直接的、間接的に発信し、教えを守りながら実践していくことが大切ではないでしょうか」

――これからのお葬式・ご供養の在り方についてのお考えを教えてください。

「新しい生活様式となり、オンライン法要も世間では話題となりましたが、私はオンライン法要に賛成です。しかし、苦しみに向き合い寄り添う姿勢をおろそかにしてはいけません。オンライン法要はあくまで手段です。手段を通して気持ちを伝えることが大切です。ご法事で会うことができないのであれば、次に会う約束をして会える時間をつくる、新しい生活様式のなかで会える時に会う、大切な故人様を思い寄り添う心が大切です。また、お寺としては儀式のみでなく、普段からのお付き合いができるような工夫や心構えも必要でしょう。ＳＮＳやオンライン活用もですが、新しい生活様式のなかでも私たちができることはたくさんあります。わかりやすく日常に溶け込んだ仏教の教えの実践が大切であると私は考えます」

○変わらない仏教、弔いの心の本質

千葉先生をはじめ、今回多くの僧侶、エンディング業界の皆様にお話を聞かせていただき感じたことがあります。それは仏教、お葬式、弔いの本質はまったく変わらず、ともすれば新しい生活様式のなかでますます深まっていくのではないかということです。

近年はお寺、エンディング業界でも新型コロナウイルスの感染拡大のなか、さまざまなアンケート調査や勉強会を行っています。お寺の収入減少や、お葬式の小規模化、オンライン化などは多くの方が言われるように、ますます加速していくでしょう。

最近このような報告を目にしました。『仏教に関する実態把握調査（２０２０年度）』（公益財団法人全日本仏教会・大和証券株式会社）によると、コロナ禍において寺院、僧侶はどのような役割を担うべきかという質問の答えの上位三つは、不安な人たちに寄り添う（32・1％）、コロナ禍収束を祈る（21・9％）、しっかりお葬式を行うことを心がける（18・1％）と元来お寺が担ってきた役割そのままでした。

お釈迦様が説かれた「生・老・病・死」の苦しみにいかに向き合うか、歴代の宗祖様、祖師様が

説かれた、寄り添う心、弔いの大切さ。これまで日本仏教が歩んできた歴史そのものでした。

大切な方が亡くなった方の悲しい気持ちに寄り添う心、ご供養、弔いの心は、どれだけ月日が流れても時代や世の中の仕組みが変わっても変わることはありません。私たち僧侶は歴代の祖師様方が伝え取り組まれたままに、教えを大切にし、多くの方に寄り添い手を合わせ、お経を唱え、ただひたすら仏弟子として歩むことに何ら変わりはないでしょう。一般の方も同様です。形式的なものは無くなる一方で、本質的な部分である大切な人が亡くなり、弔う心は何一つ変わりません。大切な人のため、ご先祖様、故人様のため、そしてご自身のためにできることを考え一つひとつ行うことが大切であると私は考えます。

松岩寺　副住職

小黒澤和常　合掌

【コラム③】それでも変わらない弔いの心

最後になりましたが、当時私が地元の新聞に投稿した内容を紹介させていただきます（なお、内容は本書向けに一部を加筆・修正させていただきました）。

連日の猛暑が続くなか、無事に松岩寺のお盆（盂蘭盆会）を終えることができました。本年は新型コロナウイルスの影響を考え、屋外に焼香台を設置、本堂での法要は全面換気、住職に法要を一任、消毒液の設置、マスク着用と少人数での法要の推奨を行うなど、できる限りの対策を行いながらお盆をむかえました。「昨今の新型コロナウイルス報道もあり、今年のお盆はどうなるのか？」。このような不安を持ちながら望んだお盆でした。

その結果どうだったのか……？　初盆供養やお盆の合同供養、お墓参り、家ごとの盆供養、同じ中学校の卒業生が集まり亡き同級生のご供養を行う物故祭（どうやら気仙沼独自の行事のようです）などはほぼ例年と変わらず。参加人数や形式は変われど、ほとんどの方が実施されました。仏事、行事によっては例年以上の方が実施されました。

先日、ご法事について何人かのお檀家さんよりこのような話を聞く機会がありました。「本年は気仙沼の家族のみで法事を実施したいと思います。子供や孫は法事にきたがっていたのですが、東京など遠方に住み状況も状況なので……」。そんななか私はこのように答えます。「皆様のご供養の気持ちがあれば、どのような形でも、構いません。ご自身ご家族でできるご供養の形を、心を込め行うことが大切だと私は考えます」

昨今の報道を聞くと、私たちお寺や葬儀社でも東京や大阪など遠方にお住まいの方がリモートで法要に参加できる形を模索し、挑戦している方もおられるようです。曹洞宗の開祖道元禅師様は正法眼蔵随聞記にて父母兄弟、生きとして生けるもののいのちとご供養の大切さを説かれました。

コロナ禍のなかで変わっていくご供養の形。そのなかでも変わらぬ弔いの心。松岩寺ではご法事に参加できなかった方へむけ、法要の画像の送付や、法要の様子を納めた手紙などを書くなどの取り組みに挑戦しています。地域のお寺として、故人様、ご先祖様の弔いにどう向き合いどう行動していくのか? 自問自答しながら取り組みに挑戦中です。

おわりに

前書『最高のお葬式 最高のご供養』から早くも4年近くの月日が流れました。こうして2冊目の本を書くご縁をいただいたベストブックの本沢隆司さん、向井弘樹さんにこの場をかりまして深く御礼申し上げます（執筆をスタートしたのが令和2年10月半ば、実際に執筆した時間を数えるとおおむね約1月半ほどで原稿は完成しました）。

今回の執筆で私が感じたことがあります。それは月日の流れと変わらぬ弔いの心、お寺、エンディング業界で活躍する皆様への深い尊敬です。

4年前の前書を振り返ると、当時は僧侶の立場から世の中にお葬式・ご供養の大切さを伝えたいという一心での執筆でした（世の中にはこれだけ多くのお坊さんがいるのに、お葬式・ご供養の最前線であるお寺のご住職、副住職が書いたお葬式・ご供養の本はあまりに少ない。現場のお坊さんの立場から、世の中へお葬式・ご供養の大切さを伝えたい。このような願いからの行動でした）。

本書をあらためて読み返すと、ご供養の形や世の中の変化はより加速していますが、日本仏教の本質の一つである弔いの心、多くの皆様に寄り添うお寺の形は何一つ変わっておりません。私たち僧侶にできることは、お釈迦様、宗祖様、太祖様の教えのもと、亡き方に寄り添い心を込めてお経を唱え、仏弟子としてご戒名を授け、引導を渡し、弔い、ご遺族に寄り添う（本来は生前のうちから、ご家族としっかりと関係をつくることが大切です)。リモートでのご法事やお葬式の登場など、新しい生活様式となっても大切な人を弔う気持ちは未来永劫変わることはありません。

また、挑戦し続ける僧侶、エンディング業界で活躍する皆様の取り組みをお聴きできたことは、私にとって本書を執筆した一番の財産でした(前書は僧侶などエンディング業界にかかわる方の全般的な活動の取り組みの取材が中心でしたが、本書はお葬式・ご供養、終活など直接的なテーマに集中し、取材をさせていただきました)。

世の中にはお葬式・ご供養、お墓、終活など、自身の分野で正面から真摯に向かい挑戦し、お檀家さんやお客様、地域の皆様の共感を得ている方がこんなにもおられます。私の心から出た第一声は「すごい!」の一言でした。僧侶、エンディング業界を代表する第一人者、若手の皆様の取り組みを取材し、その志を聞けたことは、私にとってかけがえのない財産そのものです。尊敬と感謝の言葉しか浮かびません。本当にありがとうございます。

末筆となりますが、本書を手に取り読んでいただいた読者の皆様、普段よりお寺を支え弔いの心を大切にし、ご供養を行う多くの檀信徒の皆様、父である私の師匠、取材協力をいただいたお寺、エンディング業界の皆様……。多くの皆様には支えられ本書を書き上げることができました、この場をお借りし、ご指導ご助力いただいた皆様に、深く感謝申し上げます。

参考文献

『最高のお葬式　最高のご供養』　小黒澤和常　ベストブック
『知っておきたい曹洞宗』　角田泰隆監修　日本文芸社
『仏事Ｑ＆Ａ曹洞宗』　曹洞宗総合研究センター　国書館行会
『曹洞宗の葬儀と供養』　曹洞宗岐阜県青年会
『曹洞宗檀信徒必携』　曹洞宗宗務庁
『いまさら聞けない葬儀法』　曹洞宗近畿管区布教教化推進会議
『仏典で実証する葬式仏教正当論』　鈴木隆泰　興山舎
『終活読本ソナエ２０２０年秋号』　産経新聞社
『曹洞宗禅クラブ２０１９年夏号・秋号』　仏教企画
『終活カウンセラー初級テキスト２０１６年度版』　一般社団法人終活カウンセラー協会
『海洋散骨アドバイザー検定試験テキスト』　一般社団法人日本海洋散骨協会

他多数

小黒澤和常（おぐろさわわじょう）

駒澤大学仏教学部卒業。三菱 UFJ 証券（現三菱 UFJ モルガン・スタンレー証券）にて約３年ほど勤務。曹洞宗大本山總持寺で修行ののち松岩寺副住職となる。テレビ朝日系『お坊さんバラエティー ぶっちゃけ寺』出演経験。著書に『最高のお葬式 最高のご供養』（ベストブック）。地域の檀信徒のご供養を中心に行う一方で、業界誌や地元紙に執筆、投稿、取材などの活動も行う。僧侶の資格の他にファイナンシャルプランナー、終活カウンセラー上級、お墓ディレクター２級、海洋散骨アドバイザーなどを保有。「どんな供養の悩みも解決できる僧侶」を目指し活動中。

公式 HPQR コード

松岩寺ホームページ Facebook ページ
「気仙沼　松岩寺」で検索

新しい生活スタイルで考えるお葬式・ご供養

2021 年 1 月 29 日 第 1 刷発行

著　　者	小黒澤 和常
発 行 者	千葉 弘志
発 行 所	株式会社ベストブック 〒 106-0041 東京都港区麻布台 3-4-11 麻布エスビル 3 階 03（3583）9762（代表） 〒 106-0041 東京都港区麻布台 3-1-5 日ノ樹ビル 5 階 03（3585）4459（販売部） http://www.bestbookweb.com
印刷・製本	三松堂株式会社
装　　丁	株式会社クリエイティブ・コンセプト

ISBN978-4-8314-0241-7 C0015